현직 교사가 알려주는 일반고를 위한
대입 상담소 (개정판)

현직 교사가 알려주는 일반고를 위한

대입 상담소 (개정판)

—

2017년 8월 7일 1판 1쇄 인쇄
2017년 8월 14일 1판 1쇄 발행

—

지은이 박세은, 김지환
펴낸이 이상훈
펴낸곳 책밥
주소 03986 서울시 마포구 동교로23길 116 3층
전화번호 070) 7882-2312
팩스번호 02) 335-6702
홈페이지 www.bookisbab.co.kr
등록 2007.1.31. 제313-2007-126호

—

기획 (주)오렌지페이퍼 편집부
진행 추지영, 남궁송이
디자인 디자인허브

—

ISBN 979-11-86925-24-9 (43370)
정가 15,000원

—

책밥은 (주)오렌지페이퍼의 출판 브랜드입니다.

이 도서의 국립중앙도서관 출판예정도서목록(CIP)은 서지정보유통지원시스템
홈페이지(http://seoji.nl.go.kr)와 국가자료공동목록시스템(http://www.nl.go.
kr/kolisnet)에서 이용하실 수 있습니다.(CIP제어번호: CIP2017019310)

현직 교사가 알려주는
일반고를 위한
대입
상담소

박세은 · 김지환 지음

책밥

• 머리말 •

　오늘날 대한민국에서 청소년으로 살아가기란 결코 만만한 일이 아닙니다. 더구나 고등학교 3학년이 되면 대부분의 학생들이 현실적 고민 앞에서 혼란의 소용돌이에 빠지게 됩니다. 대학을 꼭 가야만 하는가에 대한 근본적인 고민부터 어느 대학 무슨 학과에 진학해야 할지, 대학 졸업 후엔 또 무엇을 해야 할 것인지 등 그동안 생각해 보지 않았거나 막연하게 짐작하기만 했던 생각들이 한꺼번에 밀려오기 때문입니다. 아마 전교 일등부터 꼴등까지 그 무게의 양은 같다고 생각됩니다.

　아직 뭘 잘 모르는 고등학교 1학년 신입생들은 어떨까요? 고등학교 생활을 조금이라도 겪어본 2학년 학생들이라면 아무 걱정 없이 지내고 있을까요? 3학년은 갈 길을 정하고 목표를 향해 흔들림 없이 달려가고 있을까요? 불행히도 전혀 그렇지 못합니다. 안타깝게도 학생들은 대입이라는 방향을 설정하여 일찍부터 경쟁에 익숙해졌고 모두가 함께 어울려 살아가는 세상의 규칙을 배워야 할 학교에서 높은 성적을 위한 방안을 모색할 수밖에 없습니다.

　역설적으로 들리겠지만, 그것이 이 책을 펴내게 된 이유이자 동기입니다. 해마다 달라지는 복잡한 입시 제도 자체를 그들의 눈높이로 바라볼 수 있도록 도와주고 싶었습니다.

　우선 현행 입시 제도의 큰 흐름을 알아보기 쉽게 정리하고자 했습니다. 특히 학생부종합전형의 확대에 따라 실제 학교에서의 생활과 대입 학생부종합전형의 관련성에 주목했습니다. 또한 입시의 두 기둥인 수시와 정시를 어떻게 준비해야 할지 이해하기 쉽게 살펴보고자 했습니다. 나아가 실제 사례를 바탕으로 구체적인 대입 지원 사례를 구성하여 학생의 수준에 맞는 입시 제도를 찾아볼 수 있도록 하였습니다. 끝으로 담임 교사의 입장에서 꼭 들려주고 싶었던 이야기들도 묶어놓았습니다.

이 책을 통해 고등학교에 갓 입학한 학생들은 앞으로의 학교 생활을 가늠해 보고 준비할 시간을 가지고, 이제 바로 대입 원서를 작성해야 할 학생들은 구체적인 입시의 이정표로 삼을 수 있을 것입니다. 나아가 입시에 관심은 있으나 어떻게 지도해야 할지 막연했던 학부모들에게는 쉽고 친근한 안내서로 다가설 수 있기를 희망합니다. 또한 거의 해마다 바뀌는 입시 제도를 살펴봐야 하는 일선 학교의 교사들에게는 작지만 의미 있는 기준점을 제시할 수 있지 않을까 조심스레 기대합니다.

평범하기에 힘든 일반고 안에서 현직 교사의 눈으로 입시를 바라보고 도움을 주고자 노력했습니다. 지금도 일선에서 대입을 지도하는 여러 선생님과 고등학교 생활 및 대입에 대한 전 과정을 총체적으로 이해하고자 하는 분들께 이 책이 조금이나마 도움이 될 수 있기를 바랍니다. 가장 많은 학생들이 생활하는 일반고가 소외받고 있다는 역설적인 가설의 시작이 두 번째 책까지 이어진 것에 대해 감사드립니다.

많이 부족하지만 늘 격려해 주고 함께 고민하는 동료 선생님들과 교장, 교감 선생님, 언제나 응원을 아끼지 않으시며 책의 검토를 도와주신 학부모님들, 바쁜 일정에도 책의 완성에 힘을 쏟아주신 출판사 관계자분들, 과목별 조언을 주신 김선영 선생님, 남웅 선생님, 류아형 선생님께 감사의 말씀을 전합니다. 무엇보다 항상 빛나는 눈동자로 선생님이라고 불러주며 밝은 에너지를 전해 주는 학생들이 없었다면 이 책은 완성되지 못했을 것입니다. 모든 분들께 감사의 인사를 전합니다.

박세은, 김지환

대학 입시 방향

대학은 수시 모집과 정시 모집을 통해 학생을 선발한다. 현행 입시 제도에서 수시 모집의 비중이 확대되었고, 특히 일반고 학생들이 주목해야 할 것은 학생부종합전형이다. 올해부터 바뀌는 입시 제도를 살펴보면서 대학 입학을 향한 큰 그림을 그려보자.

2017
입시의 특징

큰 틀에서 보면 작년과 마찬가지로 수시가 확대되고 이과 쏠림 현상이 더욱 심화될 것으로 보인다. 예전에는 문과와 이과의 내신 성적 차이가 조금 있었지만, 요즘은 우수한 학생들이 이과에 대거 모이면서 틈 없는 상위권을 형성하고 있다. 더구나 수능에서 어려운 수학과 과학은 이과 최상위권에서 다양한 변수를 초래해 입시 전체에 영향을 미치고 있다. 또한 난이도 있는 수능의 최저학력기준을 맞추기 위해서는 수시와 정시 중 어느 것 하나 소홀히 할 수 없으며 상대적으로 중하위권보다 상위권 경쟁이 더욱 치열해지고 있다.

① 수능의 이해

수능이란 전체적으로 난이도가 높은 시험이 아니라 1등급을 받기 위해서는 고난이도 문제를 맞혀야 하기 때문에 어려운 시험이라고 할 수 있다. 즉, 최상위권에게 까다로운 시험인 것이다. 예전에는 수능 한두 문제로 상위권이 갈렸다면 소위 불수능이라고 불리는 요즘은 서너 문제로 갈린다. 특히 수학이나 과학의 경우 학생들이 손도 못 대는 킬러 문제가 포함되어 있기 때문에 체감 난이도가 더욱 높다. 공통 과목인 국어의 난이도 역시 크게 올랐다. 특히 비문학 파트에서 긴 지문과 어려운 개념을 통한 추론 문제는 많은 시간을 요구한다. 등급을 구분지을 만큼 변별력을 갖추기 위해 어려운 출제 경향이 계속 유지될 것이다.

② 영어 절대평가

2018학년도 수능에서 가장 큰 변화는 영어 절대평가이다. 상대평가의 등급제를 버리고 원점수 기준으로 90점 이상을 1등급, 80점 이상을 2등급으로 정하는 절대평가제를 채택한다. 수능의 경우 90점 이상의 비율이 2016학년도에 9%인 5만 7천여 명, 2017학년도에는 7.8%인 4만 2천여 명이었다. 서울 소재 대학의 선발 인원이 7만여 명이라는 것을 감안하면 90점 이상을 받아야 상위권이다. 각 대학마다 수시의 최저학력기준과 정시의 영역별 반영 기준으로 이를 조절하고 있으므로 주의를 기울어야 한다. 수능 난이도가 올해와 비슷한 수준으로 유지되기 때문에 영어 공부량을 줄여서는 안 되며 각종 활동으로 영어 성적을 뒷받침할 준비를 해야 한다.

check point

1. 영어 과목을 어떻게 이해하면 될까요?

영어에서 등급을 받기가 예전보다 쉬워졌기 때문에 최저학력기준에 영어 과목이 포함되었다면 완화되었다고 볼 수 있다. 정시에서는 과목별 영역 비율을 보면 되는데 대부분의 대학이 영어를 축소하고 다른 세 영역을 늘리는 추세이다. 수시 대비를 위해서는 영어 원서 번역이나 토론 대회, 영자 신문반 등으로 능력을 보여주면 정성평가 요소로 더욱 강화할 수 있다.

2. 영어 과목 어떻게 공부해야 할까요?

시험문제가 쉽게 출제되는 것은 아니므로 학습량은 그대로 유지해야 한다. 1등급을 받기 위해서는 빈칸 추론 문제, 문장 삽입, 배열 등 간접 쓰기 영역을 반드시 정복해야 한다. 항상 영어 공부 시간을 배분하여 EBS 교재의 예문으로 독해력을 연습하고 기출문제 풀이로 영어에 대한 적응력을 잃지 말아야 한다.

③ 과학탐구 선택 영역의 변화

자연 계열의 큰 변화는 지구과학의 선택이다. 주요 대학의 정시 반영률도 수학과 더불어 30% 정도를 차지하고, 화학에 비해 킬러 문제가 없어 등급을 따기가 비교적 수월하다. 다른 과목에 비해 내용이 쉽고 천체라는 특정 부분만 이해한다면 어려운 문제가 나올 가능성이 적다고 보는 경향이 지배적이다. 최근 서울대를 겨냥한 지구과학Ⅱ과목의 비율이 가파르게 오르고 있다. 하지만 최상위권이 지구과학으로 몰려 만점자가 많아지면 백분위가 떨어질 확률이 있으며, 이런 상황을 방지하기 위해 의외로 고난이도의 신유형 문제가 출제되어 변별력을 둘 가능성도 있으므로 신중을 기해야 한다.

	2015년	순위	2016년	순위	2017년	순위
지구과학Ⅰ	34.5%	3	42.5%	3	54.7%	2
지구과학Ⅱ	3.6%	6	4.3%	6	4.1%	6

check point

지구과학 선택이 논술에 영향을 주지 않을까요?

최근 논술 문제가 쉬워지고 있는 점을 감안한다면 학교에서 배우는 과학Ⅱ 과목을 논술용으로 정하고 나머지 지구과학을 수능용으로 선택하면 큰 무리가 없을 것으로 보인다. 또한 서강대, 한양대, 이화여대 등 중상위권 대학부터는 수리논술만 실시하는 곳이 많기 때문에 지구과학을 선택하는 것은 큰 문제가 아니라고 여겨진다. 자신이 지원할 대학의 논술 과목을 확인할 필요가 있다.

❹ 고려대학교의 변화

1천 명을 뽑던 논술을 폐지하고 종합전형을 50%까지 확대, 정시를 15%로 축소하는 등 상위권에서 가장 큰 변화가 있는 곳이 고려대학교이다. 기존의 학교장추천전형은 고교추천Ⅰ과 고교추천Ⅱ로 나뉘었으며, 융합인재전형은 인원을 늘리면서 일반전형으로 이름을 바꿨다. 논술이 없어지는 대신 면접이 강조되었고, 최저학력기준의 영역 수가 2개에서 3~4개로 늘어나 더욱 어려워졌다고 할 수 있다. 고교추천전형은 재학생만 응시할 수 있으며 고교당 4%의 인원을 배당하고 있다. 자격에 해당되는 학생 수는 많을 수 있지만 최상위권 학생들 간의 경쟁이므로 4%의 인원수가 다 채워지지 않을 것으로 보인다.

1. 고려대학교 지원 시 고려할 점은 무엇인가요?

주목할 점은 일반전형과 고교추천전형의 중복 지원이 금지되었다는 점이다. 재수생은 일반전형으로 제한되며 재학생은 고교추천 중 하나를 선택해야 한다. 일반전형은 최저학력기준이 높기 때문에 충족할 수만 있다면 실질경쟁률이 대폭 하락할 것으로 보인다. 반면 고교추천 Ⅱ는 재학생만 지원할 수 있는 전형이지만 성적과 활동, 최저학력기준이 고루 우수한 학생들이 지원할 수 있는 무난한 전형이기 때문에 다수의 학생들이 지원할 것으로 예상, 경쟁이 매우 치열할 것으로 여겨진다. 일반고 학생들은 최저학력기준을 충족하느냐에 따라 일반전형과 고교추천Ⅱ 중 하나를 선택해야 한다.

2. 학생부교과전형(고교추천Ⅰ)은 어떤 것인가요?

말 그대로 내신을 기본으로 하는 전형이다. 모의고사 성적이 높지 않으면서 서울대 지역균형선발전형(일명 지균)을 받지 못한 학생들을 흡수할 것으로 보인다. 작년에 서울대학교, 연세대학교, 고려대학교(SKY) 중 학생부교과전형을 둔 학교는 연세대로 257명을 선발했다. 올해는 연세대에서 폐지하고 고려대에서 400명을 선발할 계획이기 때문에 전체적으로 교과 위주의 전형에서 다른 대학의 점수 하락을 예측할 수 있다.

❺ 학생부 중심 전형의 이해 및 확대

학생부를 중심에 두고 내신 성적을 우선시하는 교과전형과 내신과 교과 활동[1] 및 비교과 영역을 두루 평가하는 종합전형으로 나눌 수 있다. 최근 일반고에서 비교적 좋은 합격률을 내고, 또 자기소개서의 비중이 커지고 있는 것도 바로 이 종합전형의 확대 때문이라고 할 수 있다. 교과전형은 성적과 면접을 준비하면 된다. 그에 비해 종합전형은 정성평가라는 점을 알아야 한다. 즉, 과정 중심의 평가로 교과 이외에 교내 활동을 함께 신경 써야 하는 부담감이 있다. 외부 활동은 기재할 수 없고 내신 중심 평가이므로 학교 교육과정을 중심으로 한 '학교 생활에 대한 충실도 평가'라고 할 수 있다. 단순히 내신을 수치화해서 평가하는 전형이 아니라 내신 등급을 얻기까지의 과정을 중시하는 것이다. 같은 등급이라도 어떤 활동들을 통해 해당 등급을 만들었는지에 중점을 둔다.

❻ 고른 기회 전형의 확대

주로 가정환경이 어려운 학생들을 대상으로 학부모와 담임교사의 관심과 확인을 요하는 전형이다. 예를 들어 농어촌학생, 특성화고 졸업자, 기초생활수급자 및 차상위계층, 장애인, 국가보훈 대상자, 다문화가정 등이 해당된다. 대학마다 사회보장 차원에서 인원수가 늘어나

---

[1] 정성평가일 경우 교과(성적)의 범주에 넣을 수 있는 활동으로 교과 관련 수상, 동아리 활동, 독서 활동, 세부 능력 및 특기 사항 등이 있다.

는 실정이며 일반적으로 추가 합격자가 많아 0.5~1등급, 경우에 따라서는 그 이상의 범위까지 확대될 수 있다. 담임교사와 학생의 적극적인 지원 의지를 바탕으로 자기소개서를 잘 활용한다면 의외의 결과를 기대할 수 있으므로 전형을 꼼꼼히 살펴볼 필요가 있다.

⑦ 재수생들의 강세

최상위권이나 상위권 대학에서 아깝게 등급을 놓친 학생들은 자신의 학교에 만족하지 못한다. 이과의 경우 의대 지원을 위해 SKY를 버리고 다시 응시하는 경우도 있으며 이 같은 추세로 보면 대다수의 학생들이 서울권 대학의 입학 성적을 가지고 다시 시작한다고 볼 수 있다. 재수생들에게 가장 유리한 점은 내신 시험이 없다는 점이다. 매년 약 13~15만 명의 재수생과 반수생들은 1년 동안 꾸준히 정시 공부만 할 수 있고, 상위권 대학의 논술 대비를 일찍부터 할 수 있으므로 높은 성적을 받을 가능성이 있다.

교내 활동 및 활용

공교육의 정상화에 발맞춰 전국적으로 수시, 그중 학생부 중심 전형의 선발 인원이 크게 증가하고 있다. 따라서 성적뿐만 아니라 학교 교육과정에 포함된 동아리, 각종 특강, 심화 학습 모둠 등을 도입하여 학생들이 진로를 탐색하고 확장해 나가는 모습을 생활기록부에 잘 반영해야 한다. 다양한 활동을 통해 자신의 역할, 역량, 느낀 점을 자기소개서에 어떻게 풀어내는가 하는 것이 성공할 수 있는 중요한 키(Key)가 되기 때문이다.

수시 대비
활동

빈약한 생활기록부는 결국 대입의 실패로 이어진다. 주위의 일반고를 둘러보자. 몇 년의 변화 과정을 거쳐 이제는 특목고에 뒤지지 않을 만큼 내실 있는 교육과정을 달성한 곳도 있다. 고등학교에서는 어떤 활동들을 하게 될까? 일반적인 활동 내용을 알아보자.

❶ 교내 자기주도학습

자기주도학습이란 자습을 말한다. 학원이나 과외로 시간을 뺏기는 학생들에게는 꼭 필요한 시간인데도 제대로 인식하지 못하는 점이 안타깝다. 학원이나 학교에서 배운 내용을 스스로 암기하고 이해하는 과정은 반드시 필요하다. 수업 내용에 대한 기억이 가장 많이 남아 있을 때 학습을 점검하고 질문을 통해 완성도를 높여야 한다.

❷ 동아리

자신의 관심 분야를 다른 학생들과 나누면서 깊이를 더할 수 있는 활동이다. 학업 역량을 나타낼 뿐만 아니라 토론을 통해 다른 사람과 의견을 조율하는 사회성, 자발적인 학습 참여 능력, 의사소통 방식 등을 배울 수 있다는 취지에서 유익한 활동이다. 대학에서 원하는 것은 얼마나 많은 동아리에 가입했느냐 하는 것이 아니라 심화 정도를 통해 학업 역량을 알아보는 것이므로 활동 내용을 고려해야 한다. 연말에 공연 동아리, 학술 동아리, 토론 동아리, 부스 운영 동아리 등에서 해왔던 활동에 대해 발표회를 가진다.

③ 학술제, 전시회, 발표회

매 학기가 끝나면 동아리, 수행평가 심화 학습, 심화보충학습, 1인 프로젝트 등에서 만들어낸 결과물을 보여주는 발표회를 가진다. 연구한 내용을 바탕으로 논문을 쓰거나 보고서로 정리해 전시하기도 한다. 또는 경제 과목과 관련해 모의 경매 운영, 영어 과목과 관련해 셰익스피어 연극 시연 등을 실시하기도 한다. 한 해 동안 관심 분야에 대해 지속적으로 활동하면서 얻은 결과물의 전시 또는 발표 활동은 전공이나 진로와 어느 정도 연관되는지 보여줄 수 있을 뿐만 아니라 연구 과정에서 협동심과 배려심, 갈등 관리, 협력 등 많은 것들을 배울 수 있다.

④ 경시대회

특정 과목에 대해 자신 있다는 것을 증명할 수 있는 활동이 경시대회이다. 학업 역량과 노력의 정도 및 성취 수준을 알릴 수 있으므로 적극 참여하는 것이 좋다. 비록 수상을 하지 못하더라도 그 과정에서 의미가 있다면 자기소개서의 소재가 될 수 있으며 참여 횟수에 연연하기보다 맥락에 초점을 맞추는 것이 좋다. 거의 모든 교과목에 대해 경시대회가 개최되고 있으며, 영어 프레젠테이션 대회, 철학 올림피아드 대회, 과학실험탐구 대회, 음악 챔피언 대회, 요리경연 대회 등 학문적인 것뿐 아니라 재미있는 경시대회를 통해 학생들이 폭넓은 분야에 참여하도록 유도한다. 학교에서 열리는 여러 대회에 참여함으로써 공부 수준과 열정, 잠재력을 알리는 동시에 에너지와 끼를 발산하는 의미 있는 시간을 가질 수 있다.

⑤ 독서 토론(대회)

독서의 중요성은 한층 높아지는 데 반해 학생들이 책 읽는 시간은 점점 줄어드는 현실이다. 학교마다 인증제나 토론회 등을 만들어 독서를 활성화하고 있다. 독서 토론은 경시대회와 동아리 활동 등 모든 분야에서 광범위하게 진행할 수 있다. 인문, 사회, 자연, 공학 계열로 나눠 각자의 전공을 심화할 수도 있으며 과목 간의 교류를 통해 융합을 꾀할 수도 있다. 자기 주도적으로 직업을 탐색하고 동기부여, 심화 및 확장하는 수단일 뿐만 아니라 독해 능력을 향상하는 데 독서만 한 것이 없기 때문에 관련 활동들에 열심히 참여하면 학과에 대한 열정을 증명할 좋은 방법이 된다.

⑥ 여러 분야별 특강

학교에서 수업이 아닌 교양을 넓혀주기 위해 마련된 행사이다. 사회적으로 이슈가 되는 부분으로 학생들의 호기심을 충족하거나 직업을 이해하는 데 도움을 받을 수 있다. 자신의 능력이나 가치에 대한 확신이 없는 학생들은 명사들의 강연을 통해 자극을 받을 수도 있고, 학문적 이해뿐 아니라 이 시대에 맞는 리더십 등에 대해 생각해 볼 수도 있다. 또한 과목 계열에 상관없이 강연을 들으면서 교양을 쌓을 뿐 아니라 균형 잡힌 융합적인 사고를 갖출 수 있다.

⑦ 멘토링 프로그램

누구와 함께 해도 상관없다. 부족한 과목에 대해 설명해 주면서 함께 학업 성취율을 높일 수 있다면 성공적인 멘토, 멘티의 관계이다. 서로의 의견을 존중해야 하며 할당되는 과제에 대한 책임과 의무를 완수해 나가야 지속될 수 있다. 학습의 정도를 체크하면서 규칙적으로 이루어져야 한다. 멘토와 멘티는 서로 도움을 주고받는 상호작용을 하면서 성장하고, 이 부분은 자기소개서의 소재가 될 수 있다. 선배를 멘토로 두기도 하는데 과목별 공부법, 계열 선택, 선택 과목의 어려움, 스트레스나 슬럼프 극복법 등을 상담하다 보면 선생님에게서 얻기 힘든 값진 정보를 얻을 수 있다.

⑧ 봉사 활동

근처에 노인복지 시설이나 특수학교, 장애아들을 관리하는 곳이 있다면 학교 측과 연계하여 활동이 이루어진다. 함께 하는 활동들이 처음에는 두렵고 낯설게 느껴지지만 시간이 흐르면서 점차 자연스러운 관계가 형성되기 때문에 봉사정신을 기르고 인성을 순화하는 데 도움이 된다. 정기적으로 장애인 학교와 시설을 방문하는 것 외에 학교 주변 청소, 농촌 체험, 청소년 수련관과 연계한 주민들을 위한 먹거리 장터, 불우한 이웃들을 위한 연말 바자회 등 종류도 다양하다.

⑨ 진로박람회(진로설명회)

어떤 직업이 무슨 일을 하는지 잘 모르는 학생들을 위해 각 분야에서 활동하는 사람들을 직접 초청하여 각 학급에 배당한 후 학생들이 희망 직업을 선택해 강의를 들을 수 있다. 일반적인 학과 관련 및 예체능 계열은 물론 레크리에이션, 미용, 스튜어디스, 실용음악 등 관심 분야에 따라 다양한 직업군으로 구성된다. 현장의 소리를 통해 진로를 이해하고 탐색하는 것은 물론 미래를 설계하는 데 참고 자료로 활용할 수 있다.

⑩ 심화 학습 프로그램

주로 동아리나 보충수업을 통해 이루어진다. 말 그대로 해당 과목에 대한 깊이 있는 탐구를 통해 학생들의 지적인 호기심을 충족하고, 교과서 내용을 바탕으로 사고력을 넓힐 수 있다는 점에서 관련 학습의 향상까지 꾀할 수 있는 심화 프로그램이다. 과학 및 사회 탐구 노트, 논술 대비 학습, 과목별 개인 또는 조별 소논문 작성 등의 작업을 수행한다. 아쉬운 점은 깊이 있는 주제를 선정해야 하므로 대부분 상위권 학생들 위주로 이루어지는 경우가 많다는 것이다.

⑪ 수행평가

중간고사와 기말고사처럼 일반적으로 답이 정해져 있는 지필 평가 형식에서 벗어나 학생들의 협동성, 창의성, 독창성 등을 평가하기 위해 도입된 시험으로 평가 기준에 맞춰 제한된 날짜에 제출해야 하는 부담감이 있다. PPT, 동영상, UCC, 탐구(연구) 보고서 등의 형태로 이루어지며 발표의 중요성이 강조된다. 개인별 과제는 자신의 뜻대로 마칠 수 있기 때문에 별 문제 없지만 팀별 과제는 전체의 협력이 중시되므로 어려움이 많다. 성적과 무관하게 팀이 이루어지기 때문에 주제 선정, 자료 조사 등에 대한 토론 과정에서 갈등이 생길 수밖에 없다. 모든 팀원들이 각자의 역할을 제대로 수행해야 하고, 특히 조장의 리더십과 배려심, 책임감, 의사소통 과정 등이 중시되는 활동이다.

⑫ 방과 후 활동

학생들의 학업을 보강하기 위해 만들어진 보충수업의 개념이다. 과목별 심화 내용이 될 수도 있고 수준별로 개설되는 과목을 통해 학업에 도움을 받을 수도 있다. 또한 학교 간의 연계를 통해 학생들의 요구를 충족할 수도 있고 전문적인 외부 강사를 초빙해 다른 방식의 수업을 경험할 수도 있다. 또는 교과서의 틀을 조금 확장한다는 점에서 수업 시간에 비해 조금 자유롭고, 교내 활동 중 관심과 흥미 있는 분야를 파악할 수도 있다.

⑬ 1인2기

예체능 활동을 말한다. 학교 내에서는 시설의 한계가 있기 때문에 근처 수련관과 연계해서 진행된다. 수영, 통기타, 헬스, 서예, 방송 댄스 등 학생들의 쉼터가 될 수 있는 시간이다. 학교 생활에 지친 학생들이 스트레스를 해소하고 정서적 안정을 찾는 한편 협동심과 배려심을 기를 수 있는 활동이다. 뿐만 아니라 가벼운 마음으로 각자의 취미 활

check point

상위권 대학 진학 시 R&E(소논문)은 반드시 필요한가요?

어려운 논문을 이야기하는 것이 아니다. 교과서 개념의 확장, 동아리나 수행평가에서 궁금한 주제를 정하여 토론하고 조사하여 결론에 도달한 보고서 정도면 충분하다. 입학사정관들은 학생부나 자기소개서, 면접을 통해 학생이 참여한 소논문인지, 다른 사람의 도움을 받아서 만든 것인지를 파악하기 때문에 반드시 본인 주도로 이루어져야 하며 단순하게 수준으로 평가하는 항목이 아니다.

동을 할 수 있다는 점에서 인성에도 좋은 영향을 미친다. 학생부종합
전형은 여러 면에서 균형 잡힌 학생들을 선호하기 때문에 입체적으로
학생들을 평가할 수 있는 요소가 된다.

학교
생활기록부

학교 생활에서 가장 바뀐 부분이 있다면 단연 생활기록부를 꼽을 수 있다. 단순한 기록을 넘어 학생에 대해 입체적으로 이해할 수 있는 증거 자료이기 때문에 대입의 한 전형과 밀접한 관련이 있다. 따라서 학생들과 학부모들도 한 구절 또는 행간의 의미, 활동의 기입 여부를 꼼꼼히 살핀다. 양보다는 질적인 측면이 강조되는 경향이 있으며, 심도 있는 학습의 정도나 확산의 범위를 보려는 방향으로 바뀌고 있다. 많은 활동에 치중하지 말고 진로 및 관심 분야에 대한 계획, 탐색, 탐구 방법과 노력의 과정, 학업 역량, 문제 해결 능력, 잠재력, 인성 등이 드러날 수 있도록 구성해야 한다. 하지만 그 어떤 영역보다 성적이 핵심 요소라는 점은 말할 필요도 없다.

check point

2017학년도 학교생활기록부 기재 방식은 어떻게 바뀌나요?

모든 활동의 범위가 교내를 벗어나서는 안 되며 모든 결과물이 학생 수준을 넘어서서도 안 된다. 결론적으로 학생들의 활동을 객관적으로 평가하는 방식으로 개선되었다고 볼 수 있다. 특히 독서 항목이 축소됨에 따라 세부 능력 및 특기 사항을 통해 관련 교과의 연관성 및 관심 분야의 내용들을 기재해야 할 것으로 보인다.

항목	개선 사항
수상 경력	사전 등록된 교내 상만 기재, 수상 경력란에만 기록
진로 희망 사항	학부모 진로 희망 및 특기 또는 흥미란 삭제
교과 학습 발달 사항	수업 참여 태도와 노력, 자기주도학습에 따른 변화에 초점 (학습 과정 중심)
자율 탐구 활동	교과 수준에서 교내에서 수행한 과제 연구만 기재
독서 활동	책 제목과 저자만 기록

❶ 생활기록부 구성

| 1 | 인적 사항

중요도 : ★

졸업대장번호						사진
학년 \ 구분		학과	반	번호	담임 성명	
1						
2						
3						

학생		성명 : 성별 : 주민등록번호 : 주소 :
가족 사항	부 모	성명 : 생년월일 : 성명 : 생년월일 :
특기 사항		

　　나와 부모님의 신상 정보를 기입하는 곳으로 학생란과 가족사항란으로 구성되어 있다. 학생란에는 성명, 성별, 주민등록번호, 주소(주민등록등본 기준) 등이 기입되고, 가족사항란에는 부모의 성명과 생년월일이 입력된다. 가끔 학생의 이름을 변경하는 경우나 부모님의 재혼 등 개인 사정으로 정정이 필요한 경우 증빙서류가 있어야 한다. 특기 사항에 개인적인 사정을 기재할 수 있다.

| 2 | 학적 사항

중요도 : ★

0000년 00월 00일 00중학교 제3학년 졸업 0000년 00월 00일 00고등학교 제1학년 입학	
특기 사항	

출신 중학교 이름과 졸업 날짜, 입학 고등학교 이름과 입학 날짜가 명시된다. 학교 폭력에 연루된 적이 있다면 여기에 기록된다.

| 3 | 출결 사항   중요도 : ★★★★

학년	수업 일수	결석 일수			지각			조퇴			결과			특기 사항
		질병	무단	기타	질병	무단	기타	질병	무단	기타	질병	무단	기타	
1														
2														
3														

습관적으로 지각을 하거나 특별한 이유 없이 결석하는 행위는 준법 정신이나 성실성 면에서 좋은 점수를 받을 수 없다. 무단란에 체크되어 있는 경우는 핵심 요인(성실함, 충실함)에 위배되므로 학생부종합전형에서 좋지 못한 평가를 받는 것은 당연한 결과이다.

| 4 | 수상 경력   중요도 : ★★★★

구 분	수상명	등급(위)	수상 연월일	수여 기관	참가 대상 (참가 인원)
교내 상	2014학년도 모의법정대회(공동 수상, 9인)	은상(3위)	2014.07.18.	00고등학교장	2학년(140명)

교내 상만 입력할 수 있다. 수상 경력에만 허용될 뿐 체험 활동, 교과 학습 발달 사항의 '세부 능력 및 특기 사항', '행동 특성 및 종합 의견'

등 관련성이 있는 그 어떤 항목에도 입력할 수 없다.

1. 교외 상은 입력이 안 되나요?

교외 상(학교 주최가 아닌 경우)은 어떠한 항목에도 입력할 수 없다. 모든 모의고사 성적 우수자뿐만 아니라 학급·학년 단위의 단체 수상(교내 체육대회 응원상, 환경미화상)이나 임명장 등도 기재할 수 없다. 상의 무분별한 남용을 막기 위한 방침이라는 면에서 이해될 수 있다.

2. 교내 상의 개수가 중요한가요?

상은 학생의 학업 역량, 성실성, 적성이나 흥미의 심화 정도를 나타내는 수단으로 적절하다. 한 학생이 너무 많은 상을 받는 것은 대회 자체의 신빙성이 떨어질 수 있다. 개수보다는 전체적인 맥락과 관심 분야와의 연관성을 보여주는 편이 좋다.

| 5 | 자격증 및 인증 취득 사항　　중요도 : ★★ or ★★★ (전공 관련도에 따라 다름)

구 분	명칭 또는 종류	번호 또는 내용	취득 연월일	발급 기관

고등학교 재학 기간에 획득한 것으로 국가기술자격증, 국가자격증, 국가공인 민간자격증 중에서 기술 관련 자격증에 한해 입력할 수 있다. 담임교사에게 문의하면 네이스를 통해 쉽게 검색할 수 있으며 www.q-net.or.kr에서 확인할 수 있다.

| 6 | 진로 희망 사항   중요도 : ★★★★

학년	특기 또는 흥미	진로 희망		희망 사유
		학생	학부모	
1				
2				
3				

고3은 원서를 지원할 때이므로 당연히 전공과 관련성이 있어야 한다. 하지만 학생들의 꿈은 으레 바뀔 수 있기 때문에 진로 희망 사항을 다르게 적었다 하더라도 어느 정도 허용된다. 단, 전공과 너무 동떨어진다면 담임교사와 상담을 하거나 자기소개서, 면접 등에서 풀어낼 여지가 있다.

| 7 | 창의적 체험 활동 사항   중요도 : ★★★★

학년	창의적 체험 활동 사항		
	영역	시간	특기 사항
1	자율 활동		
	동아리 활동		
	봉사 활동		

1	진로 활동			
2				
3				

예시) 봉사 활동 표기 방법

학년	봉 사 활 동 실 적				
	일자 또는 기간	장소 또는 주관 기관명	활동 내용	시간	누계 시간
1	2013.03.02 ~2013.07.19	(개인)00고등학교	등 · 하교 질서 유지 및 교통안전 캠페인	15	15
	2013.03.13.	(학교)00고등학교	학교별 봉사 기획	1	16
	2013.03.31.	(학교)사랑의 학교	산책 및 친교 활동	2	18
	2013.07.19 ~2013.08.14	(개인)굿네이버스	사랑의 편지 초안 번역	15	33
2					
3					

　자율 활동은 학급이나 학교 구성원의 자발적이고 자율적인 참여를 중시하는 활동이다. 적응 활동으로는 진급, 전학 등의 학적 내용과 학교 생활 적응을 위한 상담 활동 등이 있고, 자치 활동으로는 학급회, 학생회 협의 활동, 토론회 등이 있으며, 행사 활동으로는 입학식, 졸업식, 체육대회, 학생건강체력평가 등이 있다.

　동아리 활동은 전공 적합성 및 탐구 학습을 보여줄 수 있는 좋은 자료이다. 유형별로 나누면 학술 활동과 문화예술 활동, 스포츠 활동, 실습노작 활동, 청소년단체 활동, 학교스포츠클럽 활동, 또래조력 활동으로 세분화하여 기록된다. 자기주도학습을 바탕으로 참여도, 열성도,

협력, 탐구 보고 실적이 이루어질 수 있는 대표적인 교내 활동으로 자기소개서에 빈번하게 등장하는 소재이다.

봉사 활동은 학생의 협력이나 갈등 관리, 배려 등 전반적인 인성 및 사회성을 알 수 있는 항목이다. 학교 계획에 의해 봉사 활동의 기회가 주어지지만 그 밖에 개인적으로 봉사에 관심을 가지고 이미 습관화되어 있는 학생들도 많다. 크게 교내 봉사 활동, 지역사회 봉사 활동, 자연환경 보호 활동, 캠페인 활동으로 구분된다. 인정 시간은 휴일 8시간, 수업 시간이 6시간이면 2시간, 4교시면 4시간을 넘지 말아야 한다.

진로 활동은 진로와 관련된 모든 것들을 입력할 수 있다. 예를 들어 학교에서 진로와 관련된 행사를 개최했을 때 학생의 참여도, 의욕, 태도의 변화 등을 기입할 수 있으며, 직업과 관련된 각종 흥미 검사를 실시했다면 검사명만 입력하는 것이 아니라 학생의 특성과 결과까지 기입한다.

1. 봉사 활동 시간이 길어야 좋은가요?

봉사 활동 시간이 적어도 된다. 양보다 질을 중요시하기 때문에 하나의 봉사 활동이라도 체계적이고 규칙적으로 일관성 있게 해야 한다. 대학 홈페이지를 보면 정량평가 항목에 넣는 논술전형의 경우 연세대학교와 서강대학교는 20시간을 만점으로 상정하고 있다. 종합전형은 정성평가이므로 따로 명시되어 있지 않다. 현실적으로 불가능한 시간을 이수한 경우에는 입학사정관들이 직접 나와 사실관계를 확인할 수도 있으며, 학업을 등한시했다는 허점을 보일 수도 있다.

2. 창의적 체험 활동은 교과 활동인가요, 비교과 활동인가요?

여러 항목들이 있는데 교과의 확장 범위로 활동했다면, 즉 학습의 연장선이라면 교과 활동으로 봐야 한다. 예를 들어 동아리 활동에서 과학탐구 보고서를 썼다거나 봉사 활동에서 했던 영어 서신 번역 및 기사 작성 등을 해당 교과 학습과 연계할 수 있다면 교과 활동 범위에 해당된다.

| 8 | 교과 학습 발달 사항 중요도 : ★★★★★

교과	과목	1학기				2학기				비고
		단위수	원점수/과목 평균 (표준편차)	성취도 (수강자수)	석차등급	단위수	원점수/과목 평균 (표준편차)	성취도 (수강자수)	석차등급	
국어	국어	4	89/53.9(20.3)	A(310)	1	4	87/50.8(20.9)	B(296)	2	
수학	수학	4				4				
영어	영어 I	5								
영어	실용영어 독해와 작문					5				
사회(역사/ 도덕 포함)	사회					4				
사회(역사/ 도덕 포함)	한국사	4								
사회(역사/ 도덕 포함)	생활과 윤리	2				2				
과학	과학	4				4				
기술·가정/ 제2외국어/ 한문/교양	기술·가정	2				2				
이수 단위 합계		25				25				

생활기록부에서 가장 핵심은 과목 성적이다. 주요 과목 위주, 즉 인문 계열은 국어·수학·영어·사회, 이과는 국어·수학·영어·과학 위주로 등급을 보면 된다. 단, 서울대나 교대는 전 과목을 반영하기 때문에

주의를 기울여야 한다. 학년별 평균 등급은 교과별 단위수(주 수업 횟수)에 등급을 곱해서 총 수업 시수의 합으로 나눠 산출되기 때문에 단위수가 높은 주요 과목의 성적이 높을수록 유리하다.

1. 표준편차가 뭔가요?

표준편차는 평균에서 어느 정도의 편차를 보이는지, 즉 어느 정도 떨어져 있는지를 의미한다. 일반적으로 평균 점수가 낮고 표준편차가 크다면 문제가 어려웠다는 의미이므로 이때 원점수가 높으면 학업성취률이 높다는 뜻이다.

2. 수강생이 적어 등급이 안 좋은 경우에 불이익이 있나요?

대부분의 일반고 이과 학생들이 고민하는 부분이다. 해당 과목의 수강자가 적어 1등급이 1명, 2등급이 2명으로 산출되기 때문이다. 대학 측에서 고려하는 부분이기 때문에 전공과 관련된 과목이라면 공부를 열심히 하면서 해당 과목을 수강하여 학업 의지를 보여줘야 한다.

| 9 | 교과 세부 능력 및 특기 사항   중요도 : ★★★★★

과목	세 부 능 력 및 특 기 사 항
(1학기) 국어 :	
(2학기) 국어 :	
(1학기) 수학 :	
(2학기) 수학 :	
사회 :	
한국사 :	
(1학기) 방과 후 학교	
(2학기) 방과 후 학교	

교과	과목	1학기		2학기		비고
		단위수	성취도	단위수	성취도	
체육	운동과 건강생활	2	우수	2	우수	

예술(음악/미술)	미술과 삶	2	우수	2	우수	
이수 단위 합계		4		4		

과목	세 부 능 력 및 특 기 사 항

미술과 삶 :
〈1학기 1인 2기〉
〈2학기 1인 2기〉

　학교에서 가장 중요한 활동인 수업을 바탕으로 해당 과목의 교사와 학생 간의 일들을 기록하는 난이다. 과정과 맥락을 중시한다는 점에서 학생들을 평가할 수 있는 좋은 증거 자료가 된다. 평소 학습 열의나 수업 태도, 학습 이해 정도, 과제 및 수행평가 결과물에 대한 평가, 모둠 활동 등이 다양하게 기록될 수 있다. 진로 희망과 연계해 학생들의 특징이 부각될 수 있도록 꼼꼼히 작성되고 있다.

성적이 5등급인데도 기재할 수 있나요?

　기재할 수 있다. 단, 해당 수업 시간에 대한 열의 및 참여도가 좋아야 한다. 우수한 실험 결과나 문제 풀이 능력, 남다른 질문 내용, 수업 참여도 및 성실성, 과제에 뛰어난 학생 등이 해당된다.

| 10 | 독서 활동 사항

중요도 : ★★★★

학년	과목 또는 영역	독서 활동 사항
1	국어	(1학기)
		(2학기)
	실용영어 독해와 작문	(2학기)
	수학	(1학기)
		(2학기)
	한국사	(1학기)
	과학	(1학기)
		(2학기)
	공통	(1학기)
		(2학기)
2		
3		

　고등학교 재학 중에 읽은 책을 기재하는 난으로 단순히 독서의 이해 정도뿐만 아니라 관심 분야의 독서량과 흥미, 사고의 확대, 학습 동기, 전공 분야에 대한 관심 정도, 자발적인 학습 태도 등을 알 수 있는 지표가 되므로 반드시 기재해야 한다. 개인이 할 수 있는 활동으로 부담 없고 나아가 자기소개서에 인용할 수 있는 중요한 소재이다.

1. 영문학과를 가려면 반드시 원서를 읽어야 하나요?

학생이 원하는 대로 하면 될 뿐 독서 방법과 종류가 정해진 것은 아니다. 시간을 많이 뺏기지 않는 범위에서 읽어야 하며 필수 항목은 아니다. 평소 영어에 관심이 있거나 성적 향상을 위해 필요하다면 이런 고민을 할 필요 없을 것이다.

2. 읽은 책이 학과와 관련이 없다면 어떻게 해야 하나요?

지나치게 의도를 따지며 접근하지 않는 것이 좋다. 오히려 1학년 때는 전공이 정해지지 않은 경우가 많아 계획적인 독서가 어렵다. 자기소개서만 염두에 두지 말고 광범위한 독서를 권한다. 평소 관심 있는 영역에 관해서는 주도적으로 독서하게 마련이기 때문이다.

| 11 | 행동 특성 및 종합 의견

중요도 : ★★★★

학년	행동 특성 및 종합 의견
1	사교성이 좋고 성격이 활발하여 교우 관계가 좋고 봉사 정신이 강함. 미술 방면으로 전공을 정한 학생으로 해당 과목의 성적이 우수하며 담당 교사로부터 과제 능력에 대해 칭찬을 많이 받음. (이하 생략)
2	언어 능력이 뛰어나 논리적으로 자신의 의사를 전개하는 능력이 있으며 특히 사회 시간의 모의법정 시나리오 작업에서 두각을 나타내는 창의적인 학생임. (이하 생략)
3	학술제 출품을 위해 공동으로 미술 작품을 완성하는 과정에서 의견을 잘 수렴하여 불만을 최소화하는 상황으로 유도하기 위해 꾸준한 대화로 설득함. (이하 생략)

생활기록부 내용을 바탕으로 이면의 행동이나 과정, 경험들을 가지고 담임교사가 학생의 잠재력, 인성, 인지적 특성, 자기주도적 학습 능력, 창의성, 예체능 활동 등을 총체적으로 요약하는 난이다. 학생을 가장 잘 알고 있는 담임교사가 1년 동안 생활하면서 보고 듣고 느낀 점을 종합하여 서술한 글이기 때문에 객관적인 신빙성을 가진다. 대입을 평

가하는 입학사정관들도 관심을 둘 수밖에 없는 항목이다.

1. 어떤 행동이 좋게 보여질까요?

학생의 본분에 충실하면 된다. 자신에게 주어진 역할에 최선을 다하고, 함께 어울려 살아가는 자세를 익히려는 노력이 중요하다. 지각하지 않기, 맡은 일 열심히 하기 (예를 들어 청소 당번, 급식 당번) 등 배려와 양보를 바탕으로 학교 일에 책임감을 가지고 임하면 된다.

2. 큰 잘못을 저질렀을 경우 어떻게 하면 될까요?

잘못을 저질렀거나 실수를 했더라도 깨닫고 고쳐나가려고 노력하는 모습을 보인다면 담임교사도 기특하게 여겨 오히려 좋은 방향으로 연결될 수 있다.

3. 본인에게 불리한 내용을 정정할 수 있나요?

안타까운 일이지만 개인적인 명목으로, 그 학생의 대입을 위해 함부로 정정할 수는 없다. 학년이 바뀌기 전이라면 상담을 통해 담임교사에게 자신의 사정을 이야기할 수는 있겠지만 결정권은 담임에게 있다.

4. 생활기록부에서 마음에 걸리는 부분이 있다면 어떻게 하죠?

종합전형에서는 자기소개서가 당락을 결정하는 중요 요소가 될 수 있으므로 명확한 사유를 밝혀 쓰거나 면접 시 질문에 대비해야 한다. 또한 담임교사와 상담을 통해 문제를 해결할 수 있는 방법을 모색할 수도 있다. 단, 지난 연도의 생활기록부 내용을 정정하기는 어렵다.

학생부
종합전형

학교생활기록부에 기재된 교과 성적과 활동들을 전체적으로 평가하는 수시의 한 전형이다. 하지만 요즘에는 교과 성적과 맥을 같이하는 활동들이 생기면서 그 범위가 불명확해지고 있다. 예를 들어 교내 수상, 동아리 활동, 세부 능력 및 특기 사항, 독서 활동 등도 넓은 의미에서는 교과의 확장으로 보며 '교과 활동'이라고 한다. 정성평가이기 때문에 평가의 중심을 성적에 둘 것인지, 활동 혹은 인성에 둘 것인지 등에 따라 해석이 다양할 수밖에 없다. 자기소개서는 생활기록부에 짧은 결과로 기록된 것들의 맥락과 의미에 맞게 과정 중심으로 서술하여 학생의 특성을 나타낼 수 있도록 구성하면 된다. 그 중심에는 성적과 수업이 있음을 명심해야 한다.

❶ 평가 내용

| 1 | 학업 능력, 지적 성취 수준

학생부	자기소개서, 추천서	학교 소개 자료
• 교과 관련 성취 수준(정성평가[2])		
• 학업 관련 교내 수상	• 자기소개서의 학업 관련 내용 • 추천서의 학업 관련 내용	• 교과 개설 현황 / 교내 시상 현황 / 학내 프로그램 개설 현황
• 세부 능력 및 특기 사항(교과 및 방과 후 학교 이수 내용)		
• 창의적 체험 활동(학업 관련 동아리 활동, 탐구/연구 활동)		

---

2 교과(내신) 등급, 결석 일수, 수상 횟수, 봉사 활동 시간 등 수치화된 값을 활용하여 평가하는 '정량평가'와 달리, 정성평가는 내신의 변화 곡선, 경시대회에 참여한 동기, 모둠 활동에서의 역할과 성취 결과, 봉사 활동을 통해 느낀 점 등 계량화하기 힘든 영역을 중심으로 평가가 이루어진다.

성적 및 그와 관련된 활동 내역을 말한다. 학업성취도(성적), 수상, 세부 능력 및 특기 사항, 동아리 활동 등이 연관되어 있으며 학업 역량, 문제해결력, 잠재력, 자기주도력 등의 깊이와 확산을 평가한다.

| 2 | 지적 호기심, 자기주도성, 적극성, 열정

학생부	자기소개서, 추천서
• 학업 관련 교내 수상(교내 대회 참여도 및 노력)	
• 창의적 체험 활동(동아리, 학내 활동 참여도 및 노력)	• 학업에 대한 노력, 자기주도적 학습 태도, 수업 참여도
• 세부 능력 및 특기 사항(수업 참여도 및 태도, 심화 과목 선택 노력 등)	

생활기록부에 기재되어 있는 모든 수업 및 교내 활동에 대한 맥락, 과정, 노력 등을 구체적으로 보여주어야 한다.

| 3 | 개인적 특성, 학업 외 소양

학생부	자기소개서, 추천서
• 학업 외 교내 수상	
• 창의적 체험 활동 　– 동아리 활동 　– 리더십, 책임감, 공동체의식 　– 봉사 활동에서 나타난 배려심	• 지원자의 인성, 대인관계
• 출결 사항	

출처 : 2016학년도 서울대학교 학생부종합전형 안내

학교 내에서 이루어지는 다양한 관계, 모둠 활동의 경험을 학생부를 통해 파악하고, 그 과정에서 나눔 · 배려 · 소통 · 갈등 관리와 같은 대인관계 및 사회성, 인성 영역의 평가를 자기소개서 및 추천서를 통해 확인한다.

check point

1. 활동 사항이 전혀 없는데 종합전형을 써도 되나요?

종합전형이 확산되고 있으므로 쓸 거리를 채울 시간적 여유가 남은 학년이라면 지금부터라도 하면 된다. 활동 내용은 별로 없지만 성적이 괜찮다면 담임교사와 상담을 통해 결정하는 것이 좋다. 아무 준비 없이 3학년이 되어서 친구 따라 쓸 수 있는 전형은 아니다.

2. 성적이 중요한가요?

기-승-전-내신이다. 각종 근거 서류를 통해 학생들을 선별하는 전형이므로 학교 생활에 충실한 정도와 성실성, 학업 능력을 판별하는 데 성적만큼 중요한 요소는 없다. 대학에 들어와서도 꾸준히 공부를 이어갈 우수한 인재들을 뽑으려고 하기 때문이다.

② 자기소개서

자기소개서는 'How'와 'Why'가 주를 이루어야 한다. 생활기록부를 바탕으로 성적이나 활동 등의 결과물이 어떻게 나오게 되었는지, 또는 그 과정에서 어떤 점을 겪었고 어떤 의미가 있었는지 등을 입학사정관에게 알리는 글이다. 따라서 사실에 입각한 사례 중심으로 구성해야 하며 성적 향상을 위한 구체적 노력, 학습의 확장 방법 및 정도, 전공 적합성, 인성, 성향, 리더십, 발전 가능성 등을 판단할 수 있는 근거 자료가 될 수 있도록 자세히 작성해야 한다.

| 1 | 자기소개서 필수 문항

> 질문 1. 고등학교 재학 기간 중 학업에 기울인 노력과 학습 경험에 대해 배우고 느낀 점을 중심으로 기술해 주시기 바랍니다.(1000자 이내)

중심 내용이 학업이다. 개인적인 공부 방법이나, 성적 및 성적과 관련된 모든 활동을 중심으로 노력과 관심의 정도를 보여줄 수 있도록 서술하면 된다. 특히 자신의 전공과 관련된 교과목에 항상 관심을 가지고 있는 것이 좋다. 생활기록부 항목 중 교과 학습 발달 사항, 수상 실적, 동아리 활동, 독서 활동 등을 살펴볼 수 있다. 많이 쓰이는 소재로는 나만의 공부법, 향상된 성적, 경시대회 수상, 논문 및 탐구(연구) 보고서, 방과 후 학교, 야간 자율학습, 멘토 멘티, 오답 노트, 학습 플래너, 독서 기록장, 심화 학습, 동아리 활동 등이 있다.

> 질문 2. 고등학교 재학 기간 중 본인이 의미를 두고 노력했던 교내 활동을 배우고 느낀 점을 중심으로 3개 이내로 기술해 주시기 바랍니다. 단, 교외 활동 중 학교장의 허락을 받고 참여한 활동은 포함됩니다.(1500자 이내)

위 질문은 전공의 관심 정도를 나타내는 활동이나, 연관성은 적지만 교내 활동을 통해 학교 생활 및 학습에 대한 적극성이나 탐구적인 자세, 심화 학습의 정도 등을 평가하는 항목이다. '질문 1'에서 폭을 조금 넓혀 다양한 방면으로 고려되어야 하므로 여러 활동이 적혀 있는 창의적 체험 활동란을 기본으로 살펴봐야 한다. 동아리, 논문, 탐구(연구) 보고서, 학술제, UCC 제작, 봉사 활동, 프로젝트 수업, 수행평가, 진로 관련 프로그램 등 학교에서 행하는 의미 있는 활동 전부가 소재이다.

> 질문 3. 학교 생활 중 배려, 나눔, 협력, 갈등 관리 등을 실천한 사례를 들고, 그 과정에서 배우고 느낀 점을 기술해 주시기 바랍니다(1000자 이내).

학교에서 겪을 수 있는 모든 일을 관계 중심으로 평가하는 항목이다. 같은 일이라도 입장에 따라 다르게 해석될 수 있으며 그 일을 통해 느끼거나 깨달은 점 등이 성격이나 인성, 평소 생활 태도와 연결될 수 있다. 학교에서는 공동생활이 기본이기 때문에 조화로운 생활을 위해 서로 노력해야 한다. 갈등이나 배려, 협력, 나눔이 필요한 상황에서 내가 했던 역할이나 전체적인 과정을 통해 새롭게 알게 된 점이나, 소소하지만 특별했던 경험, 유익했던 점 등을 상대적인 관점에서 서술하면 된다. 모둠형 수행평가, 조별 학습 활동, 봉사 활동, 멘토 멘티, 임원 경험, 학생회 활동, 예체능 활동, 교우 관계, 발표회 등이 있다.

| 2 | 자기소개서 자율 문항

자율 문항은 대학마다 다르게 적용되지만 보통 지원 동기나 학업 계획, 준비 과정 등을 1000자 내외로 서술하는 난이다. 서울대학교의 경우 독서를 중시 여겨 큰 영향을 받은 책 3권을 풀어 써야 하므로 수준과 분야를 미리 선정해 두어야 한다. 다음은 각 학교별 자율 문항에 나오는 질문이다.

학교	전형명	자율 문항
서울대	지역균형, 일반전형	고등학교 재학 기간(또는 최근 3년간) 읽었던 책 중 자신에게 가장 큰 영향을 준 책을 3권 이내로 선정하고 그 이유를 기술해 주십시오. • '선정 이유'는 각 도서별로 띄어쓰기를 포함하여 500자 이내로 작성 • '선정 이유'는 단순한 내용 요약이나 감상이 아니라, 읽게 된 계기, 책에 대한 평가, 자신에게 준 영향을 중심으로 기술
연세대	학생부종합, 고른기회	해당 모집 단위에 지원하게 된 동기와 이를 준비하기 위해 노력한 과정이나 지원자의 교육 환경(가정, 학교, 지역 등)이 성장에 미친 영향 등을 경험을 바탕으로 구체적으로 기술하시오.
고려대	학생부종합 (고교추천 I, II / 일반)	해당 모집 단위 지원 동기를 포함하여 고려대학교가 지원자를 선발해야 하는 이유를 기술해 주시기 바랍니다.
성균관대	학생부종합전형 (성균/글로벌인재)	다음 중 하나를 선택하여 기술해 주시기 바랍니다.(1000자 이내) • 본인의 성장 환경 및 경험이 자신에게 미친 영향 • 지원 동기 및 진로를 위해 노력한 부분 • 본인에게 영향을 미친 유·무형의 콘텐츠(인물, 책, 영화, 음악, 사진, 공연 등)
중앙대	다빈치인재, 고른기회, 탐구형인재	해당 모집 단위에 지원하게 된 동기와 이를 준비하기 위해 노력한 과정이나 지원자의 교육 환경(가정, 학교, 지역 등)이 성장에 미친 영향 등을 경험을 바탕으로 구체적으로 기술해 주시기 바랍니다.(1500자 이내)
서울교대	학생부종합	초등교사에게 필요한 자질이 무엇이라고 생각하는지 쓰고, 그 자질을 갖추기 위해 어떤 노력을 해왔는지를 구체적으로 기술하시오.(띄어쓰기 포함하여 1500자 이내로 작성)

자율 문항은 진로 선택 및 탐색을 위해 노력한 점, 학교나 학과에 대한 관심도 등 앞으로 우리 대학을 발판으로 어떤 역할을 하고 싶은지에 대한 비전을 평가하는 항목이다. 대학 홈페이지의 인재상을 참고하

면서 학과 교육 내용, 교환학생이나 동아리 등의 관심 활동을 알아보고 앞으로의 희망 진로와 연관 지어 스토리를 구상하면 좋다. 자주 쓰이는 소재는 지원한 학과와 관련된 과목 및 교육과정, 독서, 동아리, 진로 관련 특강 및 설명회, 자격증 및 인증, 외국어 능력 정도, 대학원 진학, 유학, 교환학생, 국제기구 활동 계획 등이 있다.

1. 수상 경력이 없는데 괜찮을까요?

상을 받았다는 것은 노력의 증거로 좋은 예인 것은 틀림없다. 하지만 상을 받지 못했더라도 대회를 준비하는 과정에서 나만의 방법이나 어려웠던 점을 극복한 예 등 의미 있는 일들이 있었다면 좋은 소재라고 볼 수 있다. 꾸준한 노력은 정성평가의 대상이기 때문에 교사 재량껏 기록할 수 있다.

2. 평범한 활동들만 쓴 것 같은데 괜찮을까요?

평범한 활동이라도 전공과의 연관성을 고려하면서 나만의 스토리를 만들어보자. 뻔한 내용이라도 최대한 의미와 맥락을 중심으로 학업 역량 및 열정, 리더십, 문제 해결력, 자기주도력 등이 드러나도록 쓰면 좋은 글이 될 수 있다. 단, 시간이 많이 걸린다는 단점이 있다.

3. 성적이 오른 과목이 없는데 어떻게 해야 하나요?

학업 역량이 꼭 성적만으로 증명되는 것은 아니다. 자신만의 공부 방식이나 수업 관련 내용, 탐구 보고서, 심화 활동, 동아리 활동, 독서 활동 등으로도 충분히 발전 가능성을 인정받을 수 있다.

| 3 | 자기소개서 작성 순서

처음 자기소개서를 쓴다고 하면 막막하게 느껴지는 것이 당연하다. 1, 2학년 때 생기부에 기록된 것 중 작은 활동이라도 무엇을 어떻게 했는지 기억하고 메모해 보자. 그리고 서로의 연결 고리를 찾을 수 있는

것끼리 묶어가며 심화와 확장의 단계로 구성하면 된다. 에피소드 형식
으로 쓰라는 것은 그 활동을 하게 된 동기와 구체적인 노력의 정도를
가늠할 수 있는 활동 내용, 활동 결과 변화된 점 등이 하나의 개연성 있
는 글로 완성하라는 뜻이다.

자기소개서 작성 순서

① 생활기록부를 확인한다.

② 평소 생각했던 전공을 정한다.

③ 학업과 관련된 활동, 개인적으로 의미를 찾을 수 있는 활동, 인성을 나타내는 활
  동들로 나누어 정리한다(실패나 반성의 의미도 좋은 소재가 될 수 있다).

④ 독서 활동란에서 쓰고자 하는 소재들과 맥락을 맞출 수 있거나 인상 깊게 읽었
  던 책들을 골라낸다.

⑤ 준비한 소재들을 연관 지어 내용을 구성하고 될 수 있으면 보다 심화하고 확장
  해 본다.

⑥ 어느 부분을 강조할지에 따라 (1)(2)(3) 항목이 달라질 수 있으므로 자신에게 유
  리하게 조합한다.

⑦ 전체적으로 논리성, 일관성, 개연성을 갖추었는지, 앞뒤가 맞지 않는 부분은 없
  는지 여러 차례 읽으면서 고쳐나간다.

| 4 | 자기소개서 합격 사례

다음은 인문계, 자연계 1명씩 실제 합격자의 자기소개서를 요약한
글이다. 항목별로 어떠한 내용이 어떻게 인과관계를 가지고 자신을 나
타내고자 했는지 알아보자.

① 성균관대학교, 중앙대학교 사회복지학과 합격(1점대 후반)

학업 관련 활동	모든 과목에서 참고서를 한 번 정독하는 것이 제 내신 공부의 전부였습니다. 그 결과 영어에서의 타격이 컸습니다. (중략) 반복 학습을 효율적으로 하기 위해 2학년에 올라가서 영어 심화 학습 모둠을 만들었습니다. 심화 학습은 각자 분담한 범위를 공부한 뒤 친구들에게 가르치는 식으로 진행되었습니다. 다른 누군가를 가르쳐야 한다는 운영 방식은 생각보다 막중한 책임감을 불러일으켰고 실수를 하지 않기 위해 지문을 보고 또 보았습니다. 신기하게도 지문을 반복해서 볼수록 전에는 보이지 않던 문제 유형들이 하나씩 보이기 시작했습니다. 어법 유형으로만 봤던 지문이 순서 바꾸기, 빈칸 채우기 유형으로도 보였습니다. 또한 이렇게 반복하여 보다 보니 지문이 자연스럽게 외워진다는 느낌을 받았습니다. (중략)
의미 있는 교내 활동	처음 예가원에 갔을 때 저와 할머니는 짝이 되었습니다. 처음에는 손을 잡는 것조차 거부하실 정도로 거리를 두셨습니다. 이러한 어색한 분위기를 풀기 위해 먼저 제 얘기를 많이 하고 간단한 농담을 하면서 여러 가지를 여쭤보자 할머니도 차츰 마음의 문을 열기 시작하셨습니다. 다음에 찾아갔을 때는 할머니께서 먼저 저를 찾아오셔서 선물이라며 제 이름을 적은 쪽지도 주시곤 했습니다. 저는 할머니에게 "왜 저를 좋아하세요?"라고 여쭤보았고, 할머니는 "그냥 좋다"라고 말하셨습니다. 저는 그 "그냥 좋다"라는 말이 누군가에게 끌림이 있는 사람인 것 같아서 참 듣기 좋았습니다. (중략) 저는 때때로 이 할머니와의 일화를 생각하면서 "그냥 좋다"라는 말의 의미를 생각해 봅니다. 이 말에는 아무 이유나 목적 없이 그 사람의 인간적인 매력에 끌렸다는 뜻이 내포되어 있습니다. (중략)
사회성 및 인성을 나타내는 활동	일주일에 한 번이라는 짧은 시간을 이용하여 연말에 있는 발표회를 준비해야 했기 때문에 율동을 집어넣어 쉽고 가볍게 할 수 있는 '정주나요'라는 노래를 정하였습니다. (중략) 저는 '합창이라는 것 하나로 서로 몰랐던 아이들이 이렇게까지 뭉칠 수가 있나'라는 생각이 들며 신기하기도 했습니다. 그 결과 발표회에서 대상이라는 큰 성적을 거두었습니다. 저는 합창을 하며 단 한 명도 중요하지 않은 아이가 없으며 각자의 역할이 있다는 것을 느꼈습니다. 음정을 잘 잡아 노래를 이끄는 아이, 안무를 귀엽게 하여 시각적으로 흥미를 주는 아이 등 모두 적어도 하나의 강점은 가지고 있었으며 이 개개인의 장점들이 모여 하나의 하모니를 만들어내는 데 기여한다는 것을 느꼈고 이 깨달음은 사회로까지 확산될 수 있다고 생각했습니다. (중략)

(1)번 항목 : 반복 학습의 중요성을 깨닫고 심화 모둠을 만들어 학습에서 겪은 문제를 스스로 해결함.

⑵번 항목 : 할머니와의 일화에서 '그냥 좋다'라는 단순한 대화에 의미를 부여하여 소외계층의 소통으로 연결함.

⑶번 항목 : 1인2기의 합창을 통해 개인들의 조합을 사회의 조화로 연결 짓고 확장함.

② 연세대학교 건축학과 합격 사례(내신 1점대 중반)

학업 관련 활동	물리와 수학을 연결하여, '수학과 음악의 조화'를 주제로 탐구 활동을 하였습니다. 줄의 길이와 장력에 따른 음의 변화를 다루었고, 먼저 실험과 음률에 대한 조사 끝에 음의 변화를 정확히 수치화하였습니다. 악기의 형태에 대한 토의 끝에 세 현을 통해 음의 범위를 넓히고, 받침용 막대로 언제든지 줄을 조정할 수 있도록 악기를 만들었습니다. 가야금 논문을 찾아보며 악기의 완성도를 높였고, 이를 바탕으로 부스 활동을 진행하였습니다. 행사 이후에 다른 악기의 원리에 대한 궁금증이 생겼고, 개인적인 실험을 통해 관악기의 원리를 성공적으로 도출했습니다. (중략)
의미 있는 교내 활동	학문을 실체로 구현할 수 있는 분야를 탐색하던 중 '창의 구조물 대회'에 참여하게 되었습니다. (중략) 물을 빠르게 배출시킬 하수구 모형을 생각해 냈습니다. 화장실에서 욕조 물을 흘려보내고, 물 배출구 부분의 모양이 다른 여러 음료수 병에 물을 채워 실험하며 배출구의 모양에 따른 물의 배출 속도를 확인하고 형태를 구상했습니다. 그 결과 어느 구간에서 시작해도 끝에 닿는 시간이 같은 사이클로이드 모양의 원리를 하수구에 적용하였습니다. 회오리가 생기는 방향을 관찰하며 스핀을 돕고 구조물의 심미적인 완성도를 위하여 황금비 나선 모양을 하수구 안쪽에 추가해서 구조물을 완성하고, 대상을 수상하였습니다. (중략)
사회성 및 인성을 나타내는 활동	나에게 있어서 배려는 'cheer up'입니다. 팀 활동을 하다 보면 팀원들이 유달리 힘들어하는 시간이 있습니다. 저는 팀원들이 자연스럽게 서로를 알아갈 수 있게 하거나, 피곤할 때 힘을 북돋워주는 역할을 했습니다. 우리 학교에서는 정기적으로 25~60세 사이의 다양한 연령대의 정신지체 장애인들이 생활하는 예가원에 봉사 활동을 갔습니다. 초반에는 처음 봐서 낯을 가리시는 장애인분들과, 어른들이랑 활동을 하려니 어색해하는 친구들이 많았습니다. 그래서 처음 진행된 장기자랑 시간에 크게 호응을 하며 어색한 분위기를 없애고, 춤을 추면서 앉아 계신 분들과 친구들을 일으켜 세워서 모두 함께 춤을 추며 무대를 마무리했습니다. (중략)

(1)번 항목 : 수학과 음악의 공통점을 찾아 수치화를 통해 악기를 제작하는 창의적인 활동임. 관련 논문을 탐독하여 원리를 심화함.

(2)번 항목 : 일상생활에 적용할 수 있는 배수 문제에 대해 고민하고 구상하여 문제를 해결함.

(3)번 항목 : 장애인들을 대상으로 한 봉사 활동에서 자신의 밝은 부분을 부각하면서 역할을 강조함.

③ 면접

융합과 협력, 토론 등이 중요시되는 현대 사회의 요구에 따라 대학마다 면접이 강화되고 있다. 학생들을 직접 대면하여 서류의 진위 여부나 교과 지식을 확인하고 기본 소양이나 지원 동기, 학업 계획, 진로, 인성 및 제시문의 문제 해결력 등을 두루 평가하는 방식으로 이루어진다. 각 대학의 홈페이지를 방문해 경향을 파악하고 문제를 풀어보는 연습이 필요하다.

| 1 | 면접 유형

① 서류 기반 면접

지원자가 제출한 서류, 생활기록부와 자기소개서를 바탕으로 내용을 확인하고 평가하는 면접이다. 평가자가 묻고 싶은 모든 항목이 질문의 범위가 될 수 있다. 자기소개서 내용을 보충하는 것일 수도 있고 모호한 내용의 진위 여부를 확인하기도 한다. 일반적인 활동 과정부터 인성이나 의사소통 태도까지 평가한다. 서류에 기재된 활동 내역들을 미리 기억하고 정리하여 조리 있게 발표하는 연습이 필요하다.

② 교과 관련 면접

교과서를 심화한 수준의 논술 문제를 말로 답한다고 생각하면 된다. 인문 계열은 주어진 시간 안에 제시문을 분석하여 3~4문제를 풀어 답해야 하며 자연 계열은 수학이나 과학 관련 문제 풀이나 상황을 적용하여 개념을 설명하는 방식으로 진행된다. 모집 단위와 연관 있는 과목이 출제되기 때문에 미리 알아보고 대비해야 한다.

| 2 | 대비법

① 인문 계열

평소 독서를 통해 글의 맥락을 잡는 연습을 하는 편이 좋다. 여러 글이 섞여 나오기 때문에 핵심을 파악하여야 각 단락별로 연계성을 잡고 문제를 풀 수 있다. 자신의 생각을 주관적으로 말하는 것이 아니라 근거를 들어 객관적으로 답변할 수 있어야 한다.

② 자연 계열

수학과 과학 관련 문제이고 평소 다양한 문제들을 많이 풀어보아야 한다. 그중 어려운 문제들은 풀이 과정을 말로 설명하는 연습을 해두는 편이 좋으며, 평소에 주요 개념 및 적용 과정을 논리적으로 전달하는 훈련을 해두면 도움이 된다.

3

수능의 이해

3학년 11월 두 번째 목요일에 치러지는 수능이 끝나면 약 한 달 뒤 수능성적표를 받는다. 기존 모의고사 성적 표와는 달리 영역, 표준점수, 백분위, 등급만 간단히 표기된다. 학생들은 이를 통해 수시에서는 최저학력기준의 부합 여부를, 정시에서는 여러 조합으로 유불리를 파악해 지원해야 한다. 이번 장에서는 성적표에 쓰이는 용어와 최저학력기준에 대해 알아보자.

1

성적표의
용어 설명

수험번호	성명	생년월일	성별	출신 고교(반 또는 졸업 연도)		
12345678	홍길동	97.09.05.	남	한국고등학교(9)		
구분	한국사 영역	국어 영역	수학 영역 나형	영어 영역	사회탐구 영역		제2외국어/한문 영역
					생활과 윤리	사회·문화	일본어 I
표준점수		130	124	133	63	59	69
백분위		96	89	96	96	77	95
등급	1	1	2	1	1	3	2

2016. 12. 7.

한국교육과정평가원장

성적표에서는 석차가 중요하다. 전국에서 어느 정도의 위치를 차지하고 있는지를 알아야 대학별 인원과 대비하여 가능권을 짐작할 수 있기 때문이다. 그런 의미에서 성적표에는 원점수 대신 전체 응시자 수에 따른 표준점수, 백분위와 등급을 설정하여 학생의 순위를 나타내는 지표로 사용하고 있다. 각 용어들의 의미를 살펴보면 다음과 같다.

| 1 | 영역

자신이 응시한 과목을 말한다. 보통 국어·수학·영어·탐구(사회, 과학)·한국사 5과목이 기준이며 경우에 따라 제2외국어/한문을 응시하는 경우도 있다.

| 2 | 표준점수

과목별 평균 점수를 기준으로 내 위치가 평균 이하인지 이상인지를 나타내는 점수이다. 해당 과목의 난이도를 감안해 매긴 점수이기 때문에 어려운 과목을 잘 보면 표준점수가 높아진다. 국어·수학·영어는 200점 만점이고, 탐구는 각 과목이 100점 만점이다. 일반적으로 1등급은 국어·수학·영어 130점대 초반, 탐구 과목은 60점대 중후반이다.

| 3 | 백분위

표준점수에 석차를 매겨 수험생 집단의 비율을 백분위로 나타낸 것이다. 전체 100%를 기준으로 학생들의 순위가 몇 %를 차지하는지 알 수 있는 지표이다. 숫자가 클수록 상위권이며 97%라면 전국 인원수 대비 등수가 상위 3% 안에 들었다는 뜻이다. 하나의 과목 안에서 절대적인 자신의 위치를 알 수 있다.

| 4 | 등급

표준점수의 분포를 9구간으로 나눠 결정한다. 등급을 통해 내 점수가 전국에서 어느 그룹에 속하는지 알 수 있고, 수시 지원 시 최저학력기준에 활용된다. 등급은 영역별, 과목별 표준점수를 기준으로 하며 수험생의 상위 4%까지 1등급, 그다음 7%를 2등급으로 정하여 다음과 같이 순차적으로 부여한다.

등급	1	2	3	4	5	6	7	8	9
비율(%)	4	7	12	17	20	17	12	7	4
누적비율(%)	4	11	23	40	60	77	89	96	100

국어 · 수학 · 탐구 영역 등급표

등급	1	2	3	4	5	6	7	8	9
분할기준(원점수)	100~90	89~80	79~70	69~60	59~50	49~40	39~30	29~20	19~0

영어 영역 등급표

등급	1	2	3	4	5	6	7	8	9
분할기준(원점수)	50~40	39~35	34~30	29~25	24~20	19~15	14~10	9~5	4~0

한국사 영역 등급표

check point

1. 1등급이 4%가 넘으면 등급 계산이 어떻게 되나요?

만점자나 동점자가 많아 해당 등급의 점수 할당이 정해진 비율을 넘는 경우이다. 예를 들어 시험이 쉬워 전체 인원의 7%까지 1등급이 나왔다면 7%까지는 모두 1등급이 되며 나머지 7~11%까지 2등급에 해당된다.

2. 백분위 변환점수가 뭐예요?

대학에 따라 백분위 변환표준점수라는 것을 두어 선택 과목에서 발생할 수 있는 유불리를 조정하고 있다. 학생이 받은 백분위를 대학이 산정해 놓은 변환점수로 바꿔 다시 점수를 주는 방식이다. 예를 들어 사회탐구 98%의 백분위 변환점수는 연세대의 경우 64.88점, 고려대의 경우 65.05점을 주고 있다. 대학교 홈페이지에서 확인할 수 있으며 어떤 선택 과목이든 동일한 백분위가 적용되며 매년 달라진다.

최저학력
기준

최저학력기준은 수시 합격을 위한 하나의 조건에 불과하지만 최근 수능이 어렵게 출제되다 보니 학생 입장에서는 꽤 까다로운 장애물이 되고 있다. 수시전형에서 내신 성적이나 자기소개서, 논술 성적이 아무리 뛰어나다 하더라도 수능시험에서 최저학력기준을 충족하지 못하면 최종 불합격 처리된다. 충족 여부에 따라 실질경쟁률이 크게 달라지는데 학생부종합전형은 평균 20~30%, 논술전형은 50~60%까지 하락하기 때문에 우선 고려 대상이 되어야 한다.

예시) 고려대학교 일반전형 : 국어·수학·영어·탐구 4개 합 6(한국사3, 탐구는 1과목 반영)

국어	수학	영어	탐구1	탐구2	한국사		최저학력기준 계산
2	1	1	1	3	3	한국사 3등급 (○)	① 국어 2등급 + 수학 1등급 + 영어 1등급 + 탐구 1등급 = 5등급 ② 수학 1등급 + 영어 1등급 + 탐구 1등급 + 탐구 3등급 = 6등급

탐구는 1과목 반영이므로 탐구1과 탐구2를 각각 1과목으로 쳐야 한다. 그리고 한국사 3등급 기준을 보면 우선 충족된다. 위의 경우 최저학력기준을 맞출 수 있는 이유는 세 과목에서 1등급이 나왔기 때문이다. 즉, 자신 있는 과목에서는 무조건 높은 등급을 받아야 유리하다. 4개 합이라는 것은 4과목의 합을 말하므로 위의 계산법이 나올 수 있다.

✍️

1. 일반고는 최저학력기준이 있는 전형이 유리한가요?

그렇다. 일반적으로 경쟁률이 약하고 서류의 평가 요소에서 특목고에 뒤지기 때문이다. 하지만 시험일이 수능 이전인지 이후인지도 고려해야 한다. 실제로 서강대의 경우 최저학력기준이 있는 일반전형의 경쟁률이 더 높았는데 그 이유는 수능 이후에 서류 제출이 이루어졌기 때문이다.

2. 최저학력기준이 가장 높은 전형은 무엇인가요?

논술전형이다. 재수생에게 비교적 유리한 전형으로 1년간 꾸준히 준비하면 합격할 가능성이 크기 때문에 학생들의 학업 능력을 평가할 다른 대안으로 비교적 높은 최저학력기준을 설정하고 있다. 특히 상위권 의대 수시의 경우, 3개 영역에서 1등급을 요구하는 수준이므로 수능에서 실수하면 합격권에서 멀어질 수 있다.

수능 영역별 특징

영어 절대평가로 인해 국어, 수학, 탐구의 부담이 가중되었다. 전통적으로 수학 과목이 어려웠다는 점을 감안해도 국어와 탐구 과목의 난이도가 크게 상승했다. 사회탐구 과목은 2문제만 틀려도 1등급을 받을 수 없을 만큼 상위권이 촘촘하며, 과학탐구 과목은 소위 '킬러 문제'로 불리는 난제들이 등장하여 정해진 시간 안에 복잡한 계산과 신유형을 해결해야 하는 어려움이 있다.

❶ 국어 영역

작년 6월·9월 모의평가에서 국어 표준점수의 최고점은 141점, 139점으로 수학보다 높았다. 예전에는 과목별 변별력을 수학에서 두는 경우가 많았는데 이제는 국어가 그 위치를 대신하면서 자연 계열 수학 과목의 난이도를 조절하는 것이다. 2017년 수능에서 국어, 수학(가형), 영어 1등급 커트라인이 각각 130점, 124점, 133점을 기록했다. 교육 당국은 올해 국어의 출제 방향과 난이도가 적절하다고 보고 있기 때문에 당분간 어려운 수준이 지속될 것으로 보인다.

| 1 | 변화

2017학년도 수능 국어 영역에서는 제시문이 길어지고, 문제의 구성이 달라지고, 여러 장르의 복합 지문이 출제되는 등 새로운 유형의 문제들이 출제되었다. 또한 오답률 50%가 넘는 문제들의 경우 문법 문제 1문항을 제외하고는 전부 비문학에서 출제되어 독서의 중요성이 강조된다. 기존에 보지 못한 유형의 문제로 학생들은 당황했고 결국 문제를 푸는 데 많은 시간이 소요되어 체감 난이도가 훨씬 컸다.

① 제시문 분량의 추가

작년에는 4개의 제시문이 출제되었지만 올해는 3개의 제시문이 등장했다. 표면적으로는 쉬워진 것 같지만 철학 관련 지문 5문항, 과학 관련 지문 4문항, 사회 관련 문항 6문항이 출제되면서 문제 수가 증가했다. 글자 수도 2016년도 수능에서는 긴 것이 1500여 자 정도였지만 2017년도 수능에서는 전부 2000자를 넘었고 특히 사회 지문은 2500여 자였다. 정보량의 기억 및 이해가 어려워지면서 시간이 많이 부족했을 것으로 보인다.

② 복합형 문제의 출제

문학 문제도 독서 문제와 마찬가지로 제시문의 개수가 줄었지만 출제된 작품의 개수는 늘었다. 지난해에는 5개 제시문과 같은 수인 5개 작품이 등장한 반면, 올해는 3개의 제시문에 6개의 작품이 등장했다. 2개 이상의 작품을 묶어 하나의 제시문으로 출제되는 형식이었는데 예를 들어 《박씨전》과 박경리의 소설, 평론 하나를 묶어 하나의 제시문으로 출제, 제시문과 관련된 문제의 보기로 《임장군전》 출제, 현대시와 극문학을 묶어 하나의 제시문으로 출제되었다. 융합적 사고를 요하는 문제로 학생들에게 어려웠을 것으로 예측된다.

③ 문법, 세트형 문제의 출제

기존 문법 문제는 '보기'에서 선택지를 고르거나 '보기' 없이 간단한 지식을 묻는 문항이 출제되었다. 하지만 올해는 특정 문법 개념에 대한 이론적인 지식이 담긴 제시문 형태로 출제되어 독서 문제의 한 부분으로 여겨진다는 학생들도 있었다.

| 2 | 학습 방법

국어 영역은 유형화되어 있지 않고 해마다 문제가 다르기 때문에 문제 풀이 방법을 습득할 비법은 없다. 꾸준한 어휘력 향상과 기출문제 분석을 통해 약점을 해결할 방안을 모색해야 한다. 정해진 시간과 어려운 지문, 생소한 유형으로 어려워지고 있는 비문학 학습법으로 가장 좋은 것은 독서이다. 하지만 수험생들은 따로 시간을 낼 수 없으므로 다른 훈련법을 알아보자.

① 어휘 학습

학생들이 독해를 잘하지 못하는 이유 중에 가장 기초적인 결점은 어휘의 한계이다. 다양한 지문 구성 방식이나 긴 지문에 대비하려면 핵심 어휘들을 이어나가면서 사고를 확장해 읽어나가야 독해 시간을 절약할 수 있다. EBS 교재를 활용하는 것이 도움이 될 수 있다.

② 핵심 내용 찾기

아무리 긴 글이라 하더라도 문단의 핵심은 하나다. 이해력을 바탕으로 이것을 찾는 연습을 해야 한다. 핵심 내용을 바탕으로 글을 연결해 나가면 글 전체의 맥락을 파악할 수 있고 문제 풀이와 연결되는 부분이 많아 어려움 없이 답을 찾을 수 있다. 문제에 대한 답은 반드시 하나이고 명백한 근거가 있다.

③ 출제 부분 예측해 보기

비문학은 훈련이다. 여러 차례 글을 읽고 문제 풀이를 한 학생들은 어느 부분에서 문제가 나올지 대충 감으로 예측할 수 있다. 즉, 출제하기 좋은 부분의 원리를 파악하는 것이다. 내용의 이해와 더불어 문제를 많이 풀어봐야 하기 때문에 기본적으로 상위권 학생들에게 적합하다.

② 수학 영역

2017학년도 대학수학능력시험의 수학 영역은 개정된 2009년 교육과정이 반영된 첫 시험이었다. 객관식 2~3점 문항은 기존 수능에서 꾸준히 볼 수 있었던 익숙한 유형으로 출제되었으며, 객관식 3~4점 문항들은 계산 능력보다 중하위권 학생들이 학교 수업과 EBS 연계 교재를 충실히 공부했다면 당황하지 않고 본인의 실력을 발휘하는 데 큰 무리가 없었다. 상위권 변별을 위한 고난이도 문항도 4문항이 출제되었다. 이번 수능은 난이도가 타당하고 변화된 교육과정의 내용을 철저히 준수한 신뢰성 높은 문제를 출제하여 모든 수험생들을 배려한 특징을 보였다.

연계 교재의 높은 연계율과 간략한 풀이를 요구하는 문항들이 다수 출제되었는데도 수험생들은 체감 난이도가 2016학년도 수능, 6월·9월 모의평가보다 어려웠다고 한다. 그 이유로는 평이한 문제부터 신유형 문항들이 정확한 개념과 원리를 필요로 하면서 그 적용 방법을 확실히 이해해야만 문제 풀이의 아이디어를 찾을 수 있도록 구성되었기 때문이라고 분석된다. 이런 변화에는 복잡한 계산이 필요했던 내용[3]이 배제되도록 개정된 교육과정의 취지가 반영되었다고 볼 수 있다. 따라서 앞으로의 수능도 이와 같은 특징이 유지될 것으로 보인다.

| 1 | 학습 방법

교육과정이 변화해도 수학 영역에서 출제된 수학적 개념과 원리의 형식은 큰 변화가 없었으며 고난이도 문제를 풀기 위해서는 종합적 사고력이 필요하다는 것은 변함없는 사실이다. 이에 대비하기 위한 학습법을 알아보자.

① 과목별 난이도 확인을 통해 현재 자신의 학업 능력에 맞춰 공부의 양과 깊이를 결정하라

기하와 벡터를 정복한답시고 그 과목에만 매달리다가 확률과 통계에서 nHr 공식을 헷갈려서 못 풀었다고 말하는 학생들이 있다. 이처럼 과목 간 학습량의 균형을 잡지 못하고 한 과목에만 전념하는 것이 수

---

3 일차 변환의 삭제, 삼각함수의 배각, 합과 차, 합성 공식의 배제, 공간 벡터의 축소.

험생들이 흔히 하는 대표적인 삽질이다. 전략적으로 수능에 대비하기 위해서는 과목 간 출제 문항 수와 난이도를 파악하여 자신에게 유리한 과목부터 공부하는 것이 바람직하다. 수리 가형에서는 미적분Ⅱ 12문제, 기하와 벡터 9문제, 확률과 통계 9문제가 출제되었다. 미적분Ⅱ, 기하와 벡터에서 변별력을 확보하기 위한 고난이도 문제(20번, 21번, 29번, 30번)가 출제되었고, 확률과 통계에서는 난이도가 중간 또는 쉬운 문항이 출제되었다. 따라서 중위권과 하위권 학생들은 확률과 통계 과목에서는 단순한 계산 문제까지 꼼꼼히 공부하고 점수를 확보해야 한다. 이와 같은 과목별 난이도는 6월·9월 모의평가의 출제 경향을 따르므로 2018학년도 수능의 과목별 난이도 역시 6월·9월 모의평가를 살펴보면 예측할 수 있을 것이다.

② 유형에 맞는 올바른 풀이법을 익혀라

100분에 30문항을 풀어야 한다는 것은 각 문항마다 출제자가 요구하는 풀이법이 존재한다는 뜻이다. 하지만 많은 학생들이 범하는 실수가 문제에서 요구되는 개념과 접근 방법을 올바로 보지 못하고 자신만의 아이디어에 빠져서 시간을 허비하는 것이다. 이를 극복하기 위해 수학적 용어[4]와 개념을 정확히 정리해야 하며 연계 교재인 EBS수능특강, EBS수능완성을 통해 수능에서 각 단원별 개념과 내용이 어떤 유형으로 문제화되는지 확인하는 과정이 필요하다. 그리고 실전에서는 반

---

4 2017학년도 수능에서는 독립시행, 확률밀도함수의 뜻과 활용되는 방법을 반드시 알아야 풀 수 있는 문항이 출제되었다.

드시 나쁜 습관을 고치고 정석대로 풀어야 시간 낭비 없이 정확한 답을 구할 수 있다. 다른 방법은 없다. 끊임없는 반복 학습을 통해 올바른 풀이 방법을 온전히 자신의 머리와 손으로 익혀야 한다.

③ 고난이도 문제 20번, 21번, 29번, 30번의 대비

쉬운 수능으로 인해 고난이도 4개의 문항으로 1등급과 2등급이 결정된다. 최상위권 대학의 수시 최저를 맞춰야 하거나, 정시를 도전하는 학생이라면 한 문제로 당락이 좌우될 수 있기 때문에 반드시 극복해야 하는 부분이다. 고난이도 문제는 미적분Ⅱ에서 정적분을 들 수 있는데 어떤 개념, 정리, 공식을 사용할지, 또한 다양한 문제 해결 방법 중 어떤 방식이 최적인지도 판단하기 어렵다. 고난이도 문제들은 정확한 개념의 이해와 주어진 조건에 맞춰 경우의 수를 생각하는 종합적인 사고 능력을 필요로 한다. 주로 미적분Ⅱ, 기하와 벡터에서 많이 출제되었지만, 반드시 만점을 받아야 하는 최상위권 학생들은 과목별 접근이 아닌 주로 묻고자 하는 수학적 물음에 집중해야 한다. 예를 들어 최댓값, 최솟값을 물을 때 접근할 수 있는 아이디어, 함수를 직접 만들어야 할 때의 유의점, 벡터의 크기를 구하는 다양한 방법 등을 들 수 있다. 이처럼 고난이도 문항을 접하면서 문제를 해석하고 문제의 아이디어를 찾기 위한 해결 방법을 구체화하기 위한 전략들은 오답 노트의 정리를 통해 학습할 수 있다.

❸ 영어 영역

2016학년도 입시와 비교하면 그다지 달라진 점은 없다. 일정한 난이도가 유지되고 있고 EBS 연계 없는 빈칸 추론 문제가 가장 높은 오답률을 나타냈다. 90점 이상이면 1등급이라는 심리적인 안도감에서 벗어나 정상적인 공부 시간을 유지해야 한다. 학생들이 어려워하는 영역은 간접 쓰기(무관한 문장 찾기, 글의 순서 정하기, 주어진 문장 넣기, 문단 요약 완성하기)와 빈칸 추론, 문법·어휘를 들 수 있다. 결론적으로 이 부분을 정복하지 않으면 고득점을 받기 어렵다. 다음 내용을 통해 영어 학습을 이해해 보자.

① 어휘량 늘리기

영어에서 가장 기본이 되는 부분이다. 교과서나 EBS, 기출문제 등에서 쓰인 단어를 암기하는 방식으로 확장해야 하며 문장에서의 쓰임도 함께 알아두어야 한다. 문제 풀이를 위해서는 핵심어를 빠르게 찾을 수 있도록 독해력을 길러야 하는데, 그러기 위해서는 문장에서 어휘의 다양한 의미를 이해하는 훈련을 해야 한다.

② 빈칸 추론 대비

어법과 어휘, 구문을 통한 정확한 해석을 요구하기 때문에 중하위권 학생들은 감으로 대충 푸는 경우가 많다.

빈칸 추론의 정답은 대부분 주장이나 근거를 담은 문장을 고르는 것으로 학생들은 핵심 어휘를 바탕으로 문장과의 관계를 생각하면서 읽어나가야 한다. 핵심 어휘에 힌트가 있는 경우가 많으므로 평소 어휘 실력이 탄탄하지 않으면 문제를 풀 수 없다. 또한 선택지에서 답을 고르는 것이 아니라 자신이 직접 답을 써놓고 선택지에서 고르는 연습이 필요하다. 문장을 정확하게 이해해야 풀 수 있는 문제이기 때문에 꽤 까다롭다.

③ EBS의 활용

EBS 지문이 그대로 출제되는 것은 아니다. 단지 소재나 주제, 유사 지문 등이 출제되는 방식으로 연계율이 73.3%에 달한다. 올해도 반드시 풀어야 하는 문제집이기는 하지만 지문과 답을 외워버리는 잘못된 학습 방법 때문에 변형된 지문에 대한 문제풀이에 지장을 초래하는 학생들도 있다. 어휘력을 늘리고 문법을 이해하고 지문을 분석하여 독해력을 향상해 속독할 수 있는 훈련용으로 활용해야 한다. 수능 전에 소재와 주제를 정리해 훑어보는 것도 좋은 방법이다. 단, 듣기평가는 연계율이 매우 높기 때문에 반드시 봐두어야 한다.

④ 기출문제의 꾸준한 풀이

영어에서 1등급이 꾸준히 유지되는 학생이라도 규칙적으로 기출문제를 풀어봐야 한다. 영어는 평소에 우리가 사용하는 언어가 아니기 때문에 조금만 소홀해도 감을 잃어버리기 쉽다. 다른 과목의 부족으로 영어에서 손을 떼는 경우가 있는데 오랜만에 다시 푸는 문제에 적응하는 데 시간이 꽤 걸린다는 것이 학생들의 한결같은 반응이다. 일주일이나 한 달 정도 일정한 간격을 정해 놓고 기출문제에 대한 감을 유지해야 수능에서 고득점을 받을 수 있다.

1. 수능 영어에 대비해 가장 중요한 것은 무엇인가요?

당연히 기출문제를 통해 문제의 적용력을 높이는 것이다. 기출문제를 통해 어휘를 익혀 다양한 맥락의 의미를 이해하고, 자신이 부족한 부분을 찾아내어 틀린 문제의 원인 및 실수를 짚어내는 노력을 해야 한다. 가장 완벽한 문제이기 때문에 오류가 없고 매력적인. 오답이 어떻게 활용되는지를 학습할 수 있다.

2. 어법 문제를 매번 틀리는데 어떻게 해야 할까요?

한 문제만 출제되기 때문에 차라리 나머지 문제에 집중해 모두 맞힐 것을 권한다. 하지만 공부를 할 것이라면 끝까지 해야 한다. 생각보다 양이 많기 때문에 평소 문법 및 어휘 공부가 되어 있지 않다면 신중한 접근이 필요하다.

❹ 사회탐구 영역

사회탐구는 암기를 바탕으로 이해하는 과목으로 도표, 그래프 등을 해석할 수 있는 분석력을 가지고 있어야 한다. 평소 시사나 역사, 생활 전반에 적용되는 원리에 관심을 가지고 있어야 하며 논술을 염두에 두고 있다면 생활과 윤리, 윤리와 사상, 사회문화, 경제, 법과 정치 등을 선택하는 것이 좋다.

학년도\과목	2017		2016	
	인원(명)	비율(%)	인원(명)	비율(%)
생활과 윤리	168,253	58	173,687	53.8
사회문화	161,508	55.7	164,273	50.9

한국지리	82,532	28.4	93,902	29.1
세계지리	42,455	14.6	39,958	12.4
윤리와 사상	37,380	12.9	45,250	14
동아시아사	29,793	10.3	31,827	9.9
법과 정치	28,497	9.8	28,694	8.9
세계사	22,196	7.7	22,283	6.9
경제	6,731	2.3	7,304	2.3
소계	290,120		322,674	

출처 : 한국교육과정평가원

윤리와 사상 과목은 어려운 철학적 내용이기 때문에 쉬운 암기를 바탕으로 하는 세계지리 과목의 인원이 늘어 순위가 바뀌었다. 전체적으로 까다로운 이해를 통한 추론보다는 기본 개념 위주의 암기 학습으로 점수를 받을 수 있기 때문에 응시자가 증가하는 추세이다.

① 생활과 윤리

기본적인 내용을 이해하기 위해 일정 수준의 독해력이 필요한 과목이다. 공부 내용은 평이한 수준으로 학생들이 많이 선택하는 편이지만 간혹 예측하지 못한 고난이도 문제가 출제된다. 실생활과 관련된 윤리를 다루기 때문에 쉽다고 생각하여 응시자가 가장 많은 과목이다. 단기간에 3등급까지 점수를 올리는 것은 가능하지만 사상가의 이론과 관련된 고난이도 문제가 출제되기 때문에 만점을 받기는 어렵다.

② 사회문화

사회문화 현상을 전반적으로 다루는 과목이기 때문에 다양한 분야에 대한 호기심이 많고 시사 문제에 관심 있는 문과 성향이 강한 학생에게 유리하다. 가장 어려운 문제는 도표 관련 추론 문제이다. 19~20번대에 출제되어 학생들에게 부담감을 주며 해석이 까다롭고 계산이 복잡하다. 개념을 확실하게 이해하고 있어야 적용하기 쉽고, 문제 풀이 훈련으로 익숙해져야 한다.

③ 한국지리

지형, 기후, 토양 등 지구과학과 비슷하기 때문에 문과생 중 이과 성향이 있는 학생들에게 유리하다. 자연지리와 인문지리로 구성되며 일반적으로 인문지리를 어려워하는 경우가 많다. 지도를 참조하여 대표적 공업 지역의 분포와 순위, 인구의 변동, 도시 내부 구조 및 도시 체계 등이 주로 출제된다. 우리나라의 자연지리를 전부 암기해야 하고 취향에 따라 선호도가 달라지는 과목이기 때문에 어려움이 있다. 세계지리와 같이 응시할 수 있다.

④ 윤리와 사상

철학이 기본이기 때문에 시대의 흐름을 통해 사상가들의 주장과 특징들을 모두 암기해야 하는 과목이다. 또한 사상가들의 이론이 비슷하므로 확실한 개념 이해로 구분하지 못하면 정확한 답을 구할 수 없기 때문에 까다로운 과목이다. 하지만 고득점을 맞힐 수 있다면 예외 없이 안정적인 점수가 나올 수 있다. 최근 기피하는 경향이 있으나 논술 및 면접 대비를 할 수 있으며 인문학과와 철학과를 지원하는 학생들에게 유용하다.

⑤ 세계지리

평소 세계지도나 사회과 부도에 관심이 많다면 선택할 수 있는 과목이다. 범위는 넓지만 얕아서 시사 상식이 풍부한 학생들이 의외로 편하게 여길 수 있는 과목이다. 정형화된 문제이기 때문에 배경지식이 많고 정리만 잘하면 그리 어렵지 않다. 한국지리와 비교하면 자연지리보다 인문지리의 비율이 높다. 한국지리와 세계사 등과 연관이 있다.

⑥ 동아시아사

한국사가 필수이기 때문에 연계하기 좋은 과목이다. 한국을 중심으로 일본, 중국, 베트남의 역사를 배우므로 세계사를 공부할 때도 유용하다. 범위 내에서 출제되기 때문에 국가 간의 관계를 잘 이해하고 암기만 잘하면 수월하지만, 역사 과목인 만큼 기본적으로 암기해야 할 양이 많고 마니아층이 있어서 백분위 취득이 어렵다. 한국사, 세계사와 연관이 있다.

⑦ 법과 정치

개념과 원리를 통해 판례나 시사 문제에 대한 분석이 필요하기 때문에 논리성이 떨어지는 학생에게는 쉽지 않다. 법 부문은 적용, 정치 부분은 암기가 필요하다. 뉴스나 신문 등을 통해 실생활의 사례를 접하는 것이 유용하다. 암기를 기본으로 선거와 상속 부문에서는 까다로운 계산 문제도 나오기 때문에 문제를 이해하고 탐구하는 통합적인 사고력이 필요하다. 정치 부문은 세계사와 연관된다.

⑧ 세계사

중국사(40%), 서양사(40%), 기타 아시아 국가(20%)의 비율로 이루어져 있다. 역사 부문은 동아시아사, 종교 부문은 세계지리, 사상 부문은 윤리와 사상 등과 겹치는 부분이 있다. 역사 과목인 만큼 마니아층이 두터워 상위권의 백분위를 받기가 쉽지 않고 내용이 매우 광범위하여 공부 시간을 많이 할애해야 하므로 쉽게 권하지 못하는 과목이다. 하지만 평소 역사에 관심이 많고 배경지식이 많아 암기가 두렵지 않다면 한 번의 완벽한 학습으로 고득점을 받을 수 있다.

⑨ 경제

선택 인원에서 확연한 차이를 보이는 과목으로 사탐 과목 중 암기보다 이해력, 논리력, 계산 능력 등 고차원적인 사고력을 가장 많이 요구한다. 응시자 수도 적고 외국어고등학교 학생과 경제 마니아들이 모여 있어 점수 따기가 어렵다. 경제 이론, 시장과 수요·공급, 경기 변동, 물가 및 환율 등을 전반적으로 배우며 그래프와 도표 분석, 계산 문제 풀이 등을 해야 하는 어려움이 있다. 공부 과정이 쉽지 않으며 수학을 잘하는 상위권 문과생에게 적합하고 논술 및 면접에 대비할 수 있다.

학년도	2017				2016			
과목	표준점수	만점자	만점자비율	1등급구분 점수	표준점수	만점자	만점자비율	1등급구분 점수
생활과 윤리	65	4,957	2.95	47	64	11,647	6.71	50
윤리와 사상	66	444	1.19	48	67	499	1.10	47
한국지리	65	2,589	3.14	48	64	4,582	4.88	50
세계지리	65	2,439	5.74	50	63	3,275	8.2	50
동아시아사	67	601	2.02	48	68	217	0.68	46
세계사	67	333	1.50	48	64	1,624	7.29	50
법과 정치	68	278	0.98	48	66	1,474	5.14	50
경제	68	95	1.41	47	69	142	1.94	48
사회문화	66	935	0.58	45	67	3,004	1.83	47

출처 : 한국교육과정평가원

2016학년도 수능에서는 5과목에서 만점을 받아야 1등급이었고 나머지 과목들도 하나만 틀려야 1등급을 받을 만큼 변별력이 없었다. 2017학년도에는 나아졌다고는 하지만 1등급 커트라인이 48점 이상인 과목이 6과목이라는 것은 3점짜리 1개만 틀려도 2등급이라는 뜻이므로 사탐 과목은 절대 실수해서는 안 되는 과목군이라고 할 수 있다.

우선 과목의 특성을 이해해야 한다. 일반사회 및 윤리 과목들은 기본 개념을 익힌 후 사회현상에 대해 스스로 끊임없이 '왜 이런 현상이 발생하지?'라는 물음에 답하는 연습이 필요하다. 기본 개념은 수업 시간에 교과서로 충분히 배울 수 있고, 기본 개념을 바탕으로 물음에 답하는 연습이 충분히 되었다면 기출문제 분석을 통해 자신이 터득한 방법이 맞는지 확인하는 과정을 거치면 된다. 역사와 지리 과목들은 암기해야 할 사항들이 많기 때문에 교과서를 통해 맥락 및 흐름을 먼저 이해해야 한다. 파악한 맥락과 흐름에 맞게 내용을 다시 정리해 단권화 노트나 마인드맵을 만들어 암기한 다음 기출문제를 통해 자신이 작성한 내용을 검토하며 끊임없이 보강하고 수정하는 작업이 필요하다.

⑤ 과학탐구 영역

추리력 및 응용력을 바탕으로 어려운 풀이 과정을 요구하기 때문에 마치 수학처럼 느껴진다는 것이 학생들의 반응이다. 난이도 높은 문제가 출제됨으로써 많은 학습 시간, 정확한 계산 능력, 개념의 정확한 이해, 문제 접근 방법에 대한 훈련 등이 요구된다. 대학마다 변환표준점수를 활용하면 다른 과목에 비해 등급 간 점수 차가 더 벌어지는 경우도 있어 점수에 신경을 많이 써야 한다.

과목 \ 학년도	2017		2016	
	인원(명)	비율(%)	인원(명)	비율(%)
물리 I	56,396	23.1	50,377	21.8
화학 I	119,758	49.1	123,126	53.4
생물 I	147,170	60.4	142,978	62
지구과학 I	133,292	54.7	103,518	44.9
물리 II	2,902	1.2	3,479	1.5
화학 II	3,603	1.5	3,936	1.7
생물 II	14,283	5.9	23,405	10.1
지구과학 II	10,084	4.1	10,443	4.5
소계	243,857		230,729	

출처 : 한국교육과정평가원

가장 눈에 띄는 변화는 지구과학 I의 응시자이다. 2016학년도 수능에 비해 무려 3만 명 가까이 증가했고 응시자 비율도 약 14% 증가하며 생명과학 I 다음으로 응시자 수가 많다. 또 한 가지는 II과목의 감소를 들 수 있다. 특히 물리 II는 2천 명대에 진입한 것으로 보아 서울대에 갈 만한 학생이 아니라면 과목 선택에 신중해야 할 것이며, 2018학년도에는 조금 더 줄어들 것으로 예상된다.

① 물리

자연과학 및 공학의 기초 과목으로 좋은 성적을 받아두면 이공계 진학에 유용하다. 수학과 연관성이 깊은 과목으로 특목고 및 상위권 이과생들에게 가장 매력적인 과목이다. 평균 점수가 높아 만점자의 표준 점수가 다른 과목에 비해 불리하게 작용할 수 있고 선택 인원수마저 적어 등급을 따기 어렵다. 하지만 최근에는 계산 문제가 쉽게 출제되고 있어 기본 개념만 확실히 이해한다면 변수가 없는 과목이므로 화학보다 등급을 따기 수월하다고 여기는 학생들도 있다.

② 화학

물리와 더불어 이공계의 기초 과목이며, 적절한 암기와 계산이 혼합되어 이과생들의 성향에 가장 부합하는 과목이다. 수능 준비는 물론 자연계 논술, 심층 면접을 겸할 수 있기 때문에 여러 방면으로 도움이 된다. 하지만 이해한 개념만으로 문제 풀이가 쉽지 않아 고득점을 받기 위해서는 많은 공부량과 연습량이 반드시 수반되어야 한다. 문제를 보는 순간 접근 방법이 바로 떠오르지 않으면 30분 안에 풀 수 없으며, 까다로운 계산 문제는 수학 못지않은 분량과 집중력을 필요로 한다. 또한 유형도 다양하여 최근 학생들에게 가장 두려운 과목으로 응시자 수에서 지구과학에게 순위를 내주었다.

③ 생명과학

과학 과목 중 압도적인 선택률을 자랑한다. 이해보다는 세세한 것까지 암기할 것이 많아 특히 여학생들이 접근하기 쉽다. 응시자 비율이 높아졌기 때문인지 최근에는 '유전' 부문에서 난이도 높은 문제가 출제되어 학생들이 적잖이 당황하고 있다. 이 부문의 복잡한 풀이 과정에 시간을 잘 배분해야 하며 잘하면 높은 등급을 받을 수 있다. 유전 부문은 4문제 정도 출제되는데 변별력을 높이기 위해 지엽적인 영역의 출제로 난이도를 높이고 있다.

④ 지구과학

심화 부분이 없다는 이유로 선택률이 점점 증가하고는 있지만 의외로 취향이 나눠지는 과목이므로 지질, 기상, 천문, 해양, 환경 등이 자신과 맞는지 고려해야 한다. 가장 어려운 부문은 '천체'이지만, 달의 위상 변화에 관한 문제는 공간의 이해, 그림에 대한 응용력 등이 뒷받침된다면 어렵지 않게 풀 수 있다. EBS 연계 교재와 기출문제를 완벽하게 이해하고 있다면 비교적 까다롭지 않아서 응시자들이 몰리고 있다.

학년도 / 과목	2017				2016			
	표준 점수	만점자	만점자 비율	1등급 구분 점수	표준 점수	만점자	만점자 비율	1등급 구분 점수
물리 I	72	233	0.4	45	72	187	0.37	44
화학 I	71	499	0.42	44	67	2,649	2.15	46
생물 I	71	553	0.38	43	76	53	0.04	42
지구과학 I	69	965	0.72	45	72	904	0.87	45
물리 II	67	70	2.41	48	63	402	11.56	50
화학 II	70	13	0.36	45	68	33	0.84	45
생물 II	69	37	0.26	43	65	584	2.5	48
지구과학 II	71	55	0.55	45	64	838	8.02	50

출처 : 한국교육과정평가원

2016학년도에 과탐Ⅱ과목은 1등급 커트라인이 전반적으로 높아 표준점수에서 불리하다는 인식이 강해 2017학년도 수능에서 지원자가 급감했다. 또한 일반고 학생들에게는 학습량과 난이도 면에서 부담감이 크기 때문에 서울대나 카이스트를 목표로 하지 않는 한 굳이 권하지 않는 과목이다. 2017학년도에는 표준점수가 비슷하게 분포되어 난이도와 변별도가 적당했다고 보여지며 올해도 이러한 추세가 유지될 것으로 예상된다.

check point

과학탐구 과목은 어떻게 공부해야 하나요?

수준에 맞는 문제집을 고르는 것이 가장 중요하다. 3학년이 되었다고 무조건 수능 완성을 펴는 것이 오히려 점수의 향상을 방해할 수도 있다. 수업 시간에 어쩔 수 없이 선택해야 하는 과목이라면 보조 교재로 2학년용 EBS 교재인 '탐스런' 시리즈를 병행해야 한다. 수능 특강을 푸는 단계라면 2점짜리 문제를 모두 맞힐 수준이 되는지를 스스로 점검해 보고 그다음 단계인 3점짜리 문제에 도전해야 한다. 과학탐구는 기본 개념을 이해하지 않으면 절대 문제를 풀 수 없는 과목이다. 공부 단계를 놓쳐 뒤처졌다면 공부량과 시간을 늘려 기초 개념을 함께 익혀나가는 방법밖에 없다.

4

일반고 안내

고등학교에서 3년간 학생들은 꾸준히 성장한다. 그 과
정에서 대학 입시라는 큰 목표는 항상 공존하는 것이 현
실이다. 고등학교 3년간의 전반적인 흐름을 살펴보고
계열 선택 시 고려해야 할 점, 전략적인 노트 학습법 등
을 통해 자신의 고등학교 생활에 유익한 소스로 활용하
기 바란다.

고교 생활 안내

인문계 고등학교 학생들은 3년 동안 어떻게 생활할까. 전반적인 학교 생활에 대한 안내와 함께 대학 입시를 위해 학년별로 중점을 두어야 할 사항은 무엇인지 성적 관리와 활동 관리를 중심으로 살펴보자.

① 1학년 : 자기 탐색의 시간

크게 내신과 활동, 2가지로 나눌 수 있다. 1학년 때 내신 성적이 좋으면 3학년 때 유리한 위치를 점할 수 있으므로 일찍부터 성적을 관리해 두면 좋다. 활동 면에서는 학생부종합전형을 고려해 의도적으로 활동을 제한하지 않는 것이 좋다. 융합적, 개방적, 통합적인 사고력을 가진 학생이 우수한 인재다. 교우 관계를 바탕으로 성실함과 배려심을 보이면서 학교 생활에 적응하기 위해 노력하면 된다. 무엇보다 독서가 중요하다. 모든 영역의 책을 읽으면서 스스로를 탐색하고 미래를 설계해 나가는 자기주도력의 실마리를 찾을 수 있다.

| 1 | 교과 학습

내신 공부의 기본은 수업을 예습, 복습하고 수행평가를 충실히 해내는 것이다. 학습 계획을 스스로 세우고 실천하는 공부 습관은 세부 능력 및 특기 사항에 기재되는 내용이다. 모의고사는 내신을 준비하면서 치르면 된다. 유형이 낯설 뿐 교과서 내용을 바탕으로 사고력과 응용력이 필요한 문제들을 출제한다. 아는 것이 별로 없는 상황에서 첫 모의고사는 부담스럽게 마련이지만 최선을 다해 치르고, 성적표가 나오면 취약한 부분을 확인하고 보완해 나가야 한다.

| 2 | 교내 활동

1학년 때의 '시도'는 그 자체로 의미 있는 탐색의 과정이다. 관심 분야를 찾기 위한 기반을 만들어놓아야 하는 시기로 봉사 활동, 진로 활동, 독서 활동, 동아리 활동에 적극 참여하는 자세가 중요하다. 단, 일관성 있는 활동에 너무 구애받지 않기를 바란다. 중요한 것은 진로를 정하기 위한 노력의 과정이고, 그 내용이 학생부에 자연스럽게 드러나는 것이다. 1학년 2학기에는 계열 선택을 해야 한다. 학교에서 진행되는 직업별 특강, 리더십 강연, 동아리 활동, 멘토-멘티 활동, 진로 설명회 등 진로 탐색 활동에 참여한다. 뿐만 아니라 교내에서 이루어지는 담임교사의 활동 안내를 주의 깊게 듣고 메모해 두었다가 가능한 두루두루 참가해야 한다.

check point

1. 어떤 활동을 정할까요?

관심 있는 분야를 선택하면 된다. 흥미 있는 분야이기 때문에 자연스럽게 심도 있는 탐구로 연결될 수 있다. 선택할 때는 문과와 이과를 구별하지 않는 개방적인 태도가 필요하다.

2. 1학년 때부터 교내 활동만 열심히 하면 좋은 대학에 갈 수 있나요?

아니다. 학교 생활의 기본은 수업이고 평가의 기준은 성적이다. 수업과 성적을 중심에 두고 활동으로 확산해야 한다.

② 2학년 : 진로의 확장 및 심화

계열 선택을 해야 한다. 적성에 맞춰 인문 계열과 자연 계열로 나뉘므로 1학년에 비해 교과의 범위가 좁아진다. 고교 생활 전체에서 자신의 모든 역량을 가장 집중해야 할 시간적 여유가 있는 마지막 시기이다. 진로 방향을 구체적으로 설정해 전공과 유기적으로 연관되는 활동을 해야 한다. 겨울방학까지 모든 과목을 마무리하고 3학년에 올라가야 한다는 약간의 강박감을 가져야 할 시기이다.

| 1 | 교과 학습

두말할 것 없이 내신이다. 2학년 1학기 여름방학을 보내고 나면 문과는 수학을 버리겠다는 학생, 이과는 내신보다 모의고사에 치중하겠다는 학생들이 등장한다. 1학년 때 성적이 조금 낮더라도 2학년과 3학년 때 성적이 꾸준히 향상된다면 훨씬 더 가능성 있는 평가를 받을 수 있으므로 포기해서는 안 된다. 모의고사를 통해 자신의 실력을 점검하면서 교사와의 상담이나 온라인 서비스 등을 통해 지원하고자 하는 대학을 대략적으로 살펴본다. 2학기 즈음에는 본인에게 적합한 대입 전형이 수시인지 정시인지, 수시라면 어떤 전형이 유리할지 알아본다. 겨울방학 동안 자기소개서를 미리 작성해 보거나 논술 준비 등을 할 수 있다.

| 2 | 교내 활동

대학에서 전공할 분야와 향후 진로 등을 구체적으로 선별하고 그에 맞춰 활동한다. 장래 직업에 대해 더욱 세밀한 탐색이 필요하다. 즉, 장래 교사가 되고 싶다면 국어 교사인지, 사회 교사인지를 고민해 보고 그것과 연관된 의미 있는 활동으로 드러나야 한다. 중요한 포인트는 '해당 분야에 대해 얼마나 깊이 있게 탐구하고 확산할 수 있는가'를 보여주는 것이다. 2학년 때 최선을 다해 활동하고 그 결과가 학교생활기록부에 기재될 수 있도록 하라. 그 활동에 대한 다양한 이야기는 자기소개서, 면접 등에서 풀어낼 기회가 있다.

check point

1. 교내 활동 기록은 많을수록 좋은가요?

양보다 질로 승부하자. 관심 분야들이 유기적으로 연결되고, 얼마나 깊이 있게 활동해 왔는지가 중요하다. 주제 면에서 차별성을 부각할 수 있는 활동이 무엇인지 살펴보고 집중하는 것이 좋다. 동아리, 심화 학습 활동, 독서 활동, 경시대회, 교과 세부 능력 및 특기 사항 정도면 충분하다.

2. 전공 관련 독서는 어떻게 하면 되나요?

교과별 선생님의 조언을 듣는 것도 좋고 작년 대입에 합격한 선배들에게 자문을 구하는 것도 방법이다. 독서 토론 활동이나 감상 노트를 작성해 교과 세부 능력 사항에 기재되도록 한다.

3. 방학 동안에는 뭘 해야 하나요?

여름방학에는 취약한 과목을 집중적으로 보충 학습하고, 겨울방학에는 이과의 경우 과탐의 선행 학습, 문과의 경우 사회탐구 1과목을 끝내는 것이 좋다. 자기소개서도 이 시기에 미리 작성해 두어야 조금 여유 있게 고3을 보낼 수 있다.

❸ 3학년 : 입시 전략 정립 및 도전

첫 모의고사에 집중해야 한다. 모의고사가 끝난 후 자신의 약점을 분석하여 다음 시험에 대비하는 냉정함이 필요하다. 특히 6월과 9월의 모의평가는 재수생들도 함께 보는 시험으로 수능의 출제 방향을 가늠하고 내 위치를 설정할 수 있으므로 이를 통해 전체적인 입시를 그려야 한다. 내신은 수시에서 3학년 1학기까지 반영되고 반영 비율도 가장 크기 때문에 벼랑 끝에 몰린 심정으로 준비해야 한다. 교과 및 관련 활동, 비교과 영역 등을 바탕으로 구체적인 대입 지원 전략을 세워야 하고, 부족한 활동이 있다면 계획적인 시간 배분으로 참여 여부를 결정해야 한다.

❘ 1 ❘ 교과 학습

3학년 1학기 성적까지 수시에 반영되기 때문에 1학년과 2학년 내신을 뒤집을 마지막 기회이다. 더구나 성적이 상승 곡선으로 마무리될 수 있다면 수시 종합전형에서 노력의 가치를 인정받을 수 있으므로 최선을 다해야 한다. 여름방학까지 수능 응시 전 과목이 완성되어야 한다는 각오로 학습에 임해야 하며, 방학 이후에는 자기소개서, 논술 등 대학별 고사에 집중할 시간을 따로 책정해야 한다. 개학 후 대학 지원으로 어수선한 분위기에 휘둘리지 말고 확고한 목표 의식을 가지고 강한 멘탈을 유지하는 것이 중요하다.

| 2 | 교내 활동

마음의 여유가 없으므로 활동이 조금 부족하더라도 성적을 우선적으로 생각해야 한다. 담임교사와 생활기록부를 보면서 1학년과 2학년 때 했던 것들을 기억하여 정리하자. 필요한 부분이 있다면 독서나 강연, 특강 등 시간을 많이 뺏기지 않는 활동들로 메워나가야 한다. 자기소개서 항목들은 학업 영역, 활동 영역, 인성 영역으로 구분되어 있으므로 전공과 관련성을 염두에 두고 일관성 있는 내용으로 소재들을 여러 차례 재배열하는 연습을 해야 한다.

check point

1. 1학년과 2학년 때 특정 학과를 목표로 세우고 학생부 활동도 거기에 맞춰왔는데 막상 3학년이 되고 보니 점수가 부족한 것 같아요. 지원 학과를 바꿔야 할까요?

단순히 점수 때문에 학과를 바꾸는 것이라면 종합전형에서 불리할 수 있으니, 차라리 대학 수준을 낮추는 것이 나을 수도 있다. 고등학생들의 장래 희망이 변화할 수 있다는 것은 대학 측에서도 인정하고 있으므로 발전 가능성을 보여주면 된다. 가장 현실적인 대책은 3학년 1학기 때 자신의 내신 성적을 최대한 끌어올리는 것이다.

2. 활동 내용은 너무 좋은데 성적은 거기에 못 미치는 것 같아요. 어떻게 지원하면 좋을까요?

내신 성적이 좋지 않다면 서울권 대학 진학은 어려울 수 있다. 하지만 경기권부터는 활동 내역으로 내신을 커버할 대학들도 있으니 대학 홈페이지에서 전년도 입시 결과를 알아볼 것을 권한다.

계열 선택

1학년 중간고사가 끝나면 누구나 하는 고민이 바로 전공 선택이다. 특성이 뚜렷한 자연 계열 학생들을 제외하고는 어느 쪽이 더 유리한지 판단하기가 어렵다. 일반적으로 국어와 수학을 중심에 두고 고려하는 경우가 많은데 수학을 잘하더라도 문과일 수 있기 때문에 자신을 잘 검토해 봐야 한다.

① 계열별 특징

	인문	자연
진로 선택	• 과목의 특성이 애매모호한 경우가 많아 대학 전공이 진로와 연결되지 않는 경우가 많음.	• 과목의 특성이 뚜렷하여 전공이 진로가 됨.
구성원 특징	• 최상위권 여학생들이 선호. • 수학이 약한 상위권 남학생들이 선호. • 중하위권 학생들이 주로 선호.	• 의대를 목표로 하는 최상위권 학생들이 선호. • 이공계 직업을 선택하려는 중상위권 학생들이 선호. • 기술직을 염두에 둔 하위권 학생들이 선호.
학급 분위기	• 다양한 직업군의 학생들의 혼재로 다소 산만할 수 있음(직업 및 예체능계).	• 대학 입학이라는 단일 목표로 학습 분위기가 형성될 가능성이 큼.
학습 분위기	• 자율적인 통제가 어려운 학생들은 성적 하락 가능성 있음. • 상대적으로 반별 편차가 큼.	• 경쟁적인 분위기로 스트레스가 큼. • 상대적으로 반별 편차가 적음.

자연 계열은 통상적으로 어릴 때부터 이과 성향이 있다거나 성적이 우수한 학생들이 우선 선택하기 때문에 상대적으로 수업 분위기가 좋고 경쟁이 치열하다. 상경 계열 진학을 노리는 상위권 남학생과 비교

적 수학에 약한 최상위권 여학생들이 인문 계열을 선택하여 상위권 경쟁이 이루어진다. 이과에 비해 반 분위기는 조금 자유로울 수 있지만 어느 과를 선택하든지 상위권 진입은 치열하다.

② 교과목별 특징

	인문	자연
국어	• 상대적으로 문학 부문에 강함. • 비문학 중 예술이나 과학, 기술 지문이 약함. • 상대적으로 공부 시간을 투자할 만한 과목으로 분류.	• 상대적으로 비문학 부문에 강함. • 문학 중 고전문법, 비문학 중 철학 지문이 취약. • 상대적으로 공부 시간을 투자하지 않고 어려운 과목으로 분류.
수학	• 수학을 잘하는 학생 중 최상위권이 많은 경향이 있음. • 취약한 과목인데도 학습량이 적음. • 교과서를 통한 개념 정리가 이루어지지 않고 수준에 맞지 않은 문제집만 푸는 경향이 있음. • 수학을 못한다는 심리적 위축이 심함.	• 선행 학습이 이루어졌거나 특화된 학생들이 있고 학습량이 많음. • 교과서의 개념 이해를 가볍게 여기는 학생들이 많아 어려워지는 수학에 적응하지 못하는 학생들이 생김. • 난이도 높은 문제를 다뤄야 한다는 압박감이 있고 기본 내용이 어려워 학습의 어려움이 큼.
영어	• 성적 차이가 별로 나지 않고 학습량도 비슷함.	
탐구	• 암기만 하려는 경향이 있음. • 개념을 바탕으로 적용력과 추론 능력, 계산 능력 등이 동반되는 학생들이 상위권을 차지. • 조금만 실수해도 1등급을 놓칠 수 있음.	• 이해만 하려는 경향이 있음. • 개념의 이해와 추론 능력, 입체적 사고력 등을 바탕으로 많은 문제를 풀어본 학생들이 상위권을 차지. • 화학과 생물 과목의 어려움으로 난이도 높은 문제를 풀어야 상위권이 될 수 있음.

교과목별 특징은 문과보다 이과가 뚜렷하다. 문과에서 이과의 수학과 과학에 견줄 과목은 없다. 이과 과목들은 기본적으로 어렵고 양이

많기 때문에 선행 학습 및 반복 학습을 하지 않는 한 진도를 따라가기 어렵다. 교과서 내용을 어느 정도 이해했다면 더 나아가서 추론과 적용력, 논리력 등이 통합된 고차원적인 이해력이 있어야 한다.

❸ 성적의 변화 및 특징

	인문	자연
유지 정도	• 큰 변동 없이 비교적 유지되는 편임.	• 난이도와 양에 적응하지 못하면 하락할 수 있음.
상위권	• 수학 과목을 잘 유지하면 비교적 유지 가능. • 사회 과목의 변별력 있는 문제 풀이 가능.	• 국어 과목에서 어려움을 겪는 학생들이 많음. • 수학 및 과학 과목의 어려운 개념 및 계산 문제 풀이 가능.
중하 위권	• 수학과 사회 과목을 이해하지 못하고 하락하는 경향이 있음.	• 수학과 과학 과목을 이해하지 못하고 하락하는 경향이 있음.
특징	• 남학생 중에 최상위권 및 상위권으로 진입하는 학생들이 생김. • 암기를 잘하는 여학생들이 남학생들에 비해 내신에서 절대적 우위를 차지하는 경우가 많음. • 모의고사도 비율적으로 여학생이 우수.	• 단위수가 큰 수학과 과학 과목을 중심으로 새로운 상위권 및 최상위권 형성. • 과목별 호불호 성향이 뚜렷해 성적에 관계없이 개인 과목별로 편차가 생길 수 있음. • 일반적으로 내신에서는 여학생, 모의평가에서는 남학생이 최상위권을 형성하는 경우가 많음.

인문 계열과 자연 계열 모두 내신의 최상위권은 독기를 품고 암기하는 여학생이 차지하는 경우가 대다수이다. 하지만 모의평가 최상위권의 경우 비율적으로 자연 계열의 남학생 수가 압도적으로 많다. 대체로 수학을 잘하는 학생들이 상위권을 형성하기 때문이다. 또한 시간이

지날수록 수학과 과학에 적응하지 못하고 이과에서 자신감을 상실한 학생들이 나타나고 성적이 하락하는 학생들도 꽤 있다.

그 밖에 고려해야 할 사항은 다음과 같다.

① 스스로 수학을 잘한다고 생각해도 문과 수학의 범위에 한해서인지, 이과 수학도 가능한지 확인해야 한다.

② 일반적으로 수학의 편차가 크다면 문과를, 국어의 편차가 크다면 이과를 생각할 수 있다.

③ 이과 계열은 공부의 시작과 끝이 수학과 과학이라고 단언할 수 있기 때문에 자신의 문제 적용 능력, 문제 풀이의 양, 공부 수준 등을 잘 점검해 봐야 한다.

④ 이과 학생인데 수학을 이미 따라갈 수 없는 상황이라면 문과 과목인 수학 '나형'으로 바꿔보는 것도 방법이다.

⑤ 간호학과, 건축학과, 보건계열학과, 산업공학과, 식품영양학과, 컴퓨터공학과, 통계학과, 한의예과 등은 교차 지원이 가능하기 때문에 개인 성향에 따라 고려해 볼 수 있다.

학습법

수능 공부에서 가장 많이 듣는 말은 '개념'일 것이다. 개념 정리가 되고 나면 문제 풀이는 나중에 해도 된다는 말을 수도 없이 들었을 것이다. 그렇다면 이 개념 정리를 잘하기 위해서는 어떤 방법들이 있을까? 개인적인 차이는 있지만 효과적인 공부를 위해 자신만의 노트를 만드는 것이 유리하다. 처음에는 모든 자료들을 모아야 하므로 시간을 적잖게 뺏겨 어려울 수 있지만 분석하여 전략을 세우기에는 이만한 것도 없다. 아래의 방법들을 참고해 각자 자신에게 맞는 정리법을 찾아 효율적인 학습이 이루어질 수 있도록 하자.

❶ 개념 노트

과목별 핵심 개념을 노트 한 권에 나만의 언어로 모두 정리하는 것이다. 가령 노트 한 권에 화학, 생명과학의 주요 개념을 모두 정리할 수도 있고, 물리 한 권, 지구과학 한 권 등 과목별로 한 권씩 따로 정리할 수도 있다. 개념 노트는 작성 과정 자체가 해당 과목의 이해도를 높이는 과정이고, 잘 정리된 노트는 해당 과목을 빠르게 훑어볼 수 있는 좋은 교재가 된다. 상위권 학생이라면 개념 노트를 통해 각 과목의 전체 내용을 파악함으로써 강조되는 내용들을 빠짐없이 잡을 수 있다.

❷ 단권화 교재

특히 탐구 과목에서 매우 유용하다. '단권화 교재'란 내가 공부한 교재들의 내용을 모두 정리한 '나만의 교재'를 말한다. 참고서나 교과서를 하나 정하고 자신이 공부한 내용을 집대성하는 것이다. 가령 EBS 수능특강, 수업 시간의 필기, 자신이 풀었던 문제집이나 참고서의 주요 개념과 문제, 인터넷 강의를 듣고 메모해 둔 내용 등을 모두 관련된 단원에 붙이거나 메모해 두는 것이다. 과목에 대한 맥락을 유지하는 데 도움이 될뿐더러 수능 시험장에서도 활용 가능할 정도로 해당 과목의 전체적인 내용을 빠르게 파악하는 데 도움이 된다.

③ 마인드맵 노트

마인드맵이란 큰 주제나 개념을 중심에 두고 자신이 이해한 내용을 곁가지로 그리면서 형상화하는 것을 말한다. 개념의 위계 관계를 보다 쉽게 파악할 수 있기 때문에 이해와 암기에 도움이 된다. 또한 복잡한 사고 과정을 그림으로 그려내는 동안 개념이나 주제, 항목들을 분류하고 학습 체계를 세울 수 있다. 모든 과목의 교과서를 대단원, 소단원, 학습 목표 등으로 구조화하여 체계적으로 관리하는 데 유용하다. 보통 암기가 기본인 탐구 과목이나 국어 과목의 문학 부문을 공부하는 데 유용하다.

④ 오답 노트

모의평가 후에 오답을 다시 분석하는 시간은 반드시 필요하다. 틀린

답을 확인하는 데만 얽매이지 말고 그 문제에서 빠뜨렸던 주요 개념들을 정리해야 한다. 이러한 과정들을 반복해서 학습하다 보면 기출문제 패턴을 이해할 수 있고, 출제자의 의도를 분석할 수 있다면 출제 방향까지 짐작할 수 있다.

⑤ 실수 노트(충고 노트)

매 시험 전후로 자주 하는 실수를 하지 않겠다는 다짐, 또는 시험에서 실수했던 것들을 기록하는 노트이다. 수능에 까다로운 계산 문제가 자주 출제되면서 학생들이 적잖이 실수를 하자 등장한 방법이다. 계산 문제는 배점이 높은 문제에서 많이 등장해 억울함을 호소하는 경우가 많다. 기호를 잘못 보거나 숫자를 잘못 읽어서 놓치는 사소한 것들을 정리하면 자주 틀리는 부분이 무엇인지 알 수 있다.

위에서 언급한 노트 외에도 각자 필요에 따라 나만의 노트를 만들 수 있다. 중요한 것은 '내가 공부하고 이해한 내용을 내 언어로 풀어 쓰는 것'이다. 내용이 많아지면 몇 차례 다시 정리해서 최적화해야 하며, 시간 날 때마다 보면서 취약한 부분을 외우다시피 해야 한다. 이런 방식으로 수능 시험장까지 가지고 갈 노트를 따로 만들어두어야 한다.

5

수시전형의 이해

수시전형은 수능을 치르기 전에 원서를 접수하고, 학생부를 중심으로 대학별 고사(서류평가, 면접, 논술, 적성고사, 실기 등)를 치러 합격생을 선발하는 방식을 말한다. 이 과정에서 수능 점수(표준점수, 백분위점수)는 그대로 활용할 수 없으나, 일부 대학 및 전형에서 일정한 자격 요건(최저학력기준)을 갖췄는지 파악하는 정도로 등급만을 활용할 수 있다.

수시 지원
절차

대부분의 일반고 학생들은 수시 모집에서 6회, 정시 모집에서 3회의 대학 지원 기회가 있다. 학교 내신 성적과 모의고사 성적을 분석하여 수시가 유리한지, 정시가 유리한지 따져보아야 한다. 이를 바탕으로 자신에게 가장 유리한 전형을 찾아 구체적인 지원 전략을 세울 수 있다.

아무런 준비나 분석 없이 대입에 도전한다면 실패할 가능성이 높다. 따라서 자신의 위치가 어디에 속하는지, 나에게 맞는 입시 유형은 어떤 것인지 파악하기 위해서는 단계적으로 접근할 필요가 있다. 대부분 다음의 6단계에 따라 준비와 분석이 진행된다.

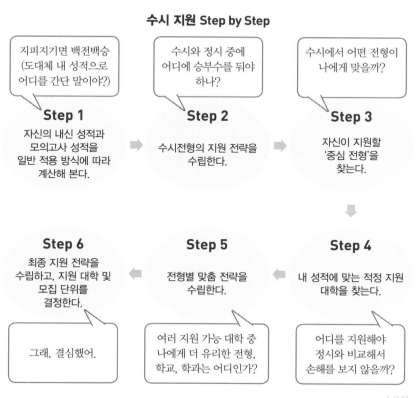

수시 지원 Step by Step

지피지기면 백전백승
(도대체 내 성적으로
어디를 간단 말이야?)

Step 1
자신의 내신 성적과
모의고사 성적을
일반 적용 방식에 따라
계산해 본다.

수시와 정시 중에
어디에 승부수를 둬야
하나?

Step 2
수시전형의 지원 전략을
수립한다.

수시에서 어떤 전형이
나에게 맞을까?

Step 3
자신이 지원할
'중심 전형'을
찾는다.

Step 6
최종 지원 전략을
수립하고, 지원 대학 및
모집 단위를
결정한다.

Step 5
전형별 맞춤 전략을
수립한다.

Step 4
내 성적에 맞는 적정 지원
대학을 찾는다.

그래, 결심했어.

여러 지원 가능 대학 중
나에게 더 유리한 전형,
학교, 학과는 어디인가?

어디를 지원해야
정시와 비교해서
손해를 보지 않을까?

단계별
진행 방법

Step 1 자신의 내신 성적과 모의고사 성적을 일반 적용 방식에 따라 계산해 본다.

'지피지기면 백전백승이다.' 입시는 자신에 대해 정확하고 객관적으로 이해하고 받아들이는 데서 시작된다. 따라서 가장 필요한 것은 수시전형의 핵심 축인 내신 점수, 정시전형의 핵심 축인 수능 점수를 산정해 보고 최근 3개년의 합격 점수와 비교해 보는 것이다.

내신 점수와 수능 점수의 계산 방식은 조금 복잡하기 때문에 입시 업체에서 별도의 비용을 받고 계산해 주기도 한다. 하지만 대략적인 계산은 자신의 학생부와 모의고사(수능) 성적표로 충분히 할 수 있다. 내신 점수는 일반적으로 주요 교과목(인문 계열은 국어·수학·영어·사회, 자연 계열은 국어·수학·영어·과학)의 취득 등급을 단위수(주당 수업 시수)로 곱해 단위수의 총합으로 나누면 되고, 모의고사 점수는 국어·수학·탐구(평균)의 백분위를 모두 더해 '3'으로 나누면 된다.

Step 2 수시전형의 지원 전략을 수립한다.

Step 1에서 계산된 점수를 토대로 수시 지원 가능 대학과 정시 지원 가능 대학을 가늠하고, 두 결과값을 비교해 볼 필요가 있다. 수시와 정시 중 더 좋은 결과를 얻을 수 있는 전형에서 합격 가능성을 높여야 하는 것은 자명한 진리이기 때문에 수시전형에서 안정·적정·도전형 등의 지원 전략을 수립할 수 있음은 물론, 수시의 학생부(교과/종합)전형과 대학별고사전형 중 어떤 것이 맞는지를 결정해야 한다.

정시 지원 가능 대학

대상		모의고사 평균 (국·수·영·탐2 백분위)	
		인문	자연
최상위	• 수도권 : 서울대, 연세대, 고려대, 서울교대 • 지방 : KAIST, 포항공대	97.9	95.9
TOP10	• 수도권 : 서강대, 성균관대, 한양대, 중앙대, 서울교대, 경희대, 한국외대, 서울시립대, 이화여대, 건국대, 경인교대 • 지방 : 광주과학기술원(GIST), 울산과학기술대(UNIST)	94.9	92.0
TOP15	• 수도권 : 경희대(국제), 동국대, 홍익대, 숙명여대, 국민대, 성신여대, 아주대, 인하대, 숭실대 • 지방 : 한동대, 지방교대, 한국교원대	90.2	86.5
IN-서울	• 수도권 : 가천대, 광운대, 단국대, 명지대, 서울과학기술대, 세종대, 한국체대, 한국항공대 • 캠퍼스 : 한국외대(글로벌), 연세대(원주), 한양대(Erica)	86.2	82.6

*본 책에서 임의대로 나눈 것임

지원 가능 대학 Guide 기준

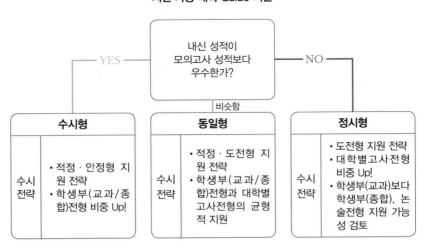

Step 3 자신이 지원할 '중심 전형'을 찾는다.

Step 1~2를 통해 내가 지원하고자 하는 대학 그룹이 결정된다. 하지만 대학마다 다양한 수시 선발 전형을 운영하고 있기 때문에 어떤 전형을 중심으로 지원해야 할지 명확히 알 수가 없다. 따라서 다음 도식에 따라 학생부(교과), 학생부(종합-면접 중심, 서류 중심), 논술, 적성고사, 면접 중심 학생부(교과)전형 중 자신의 중심 전형을 찾아 지원해야 한다.

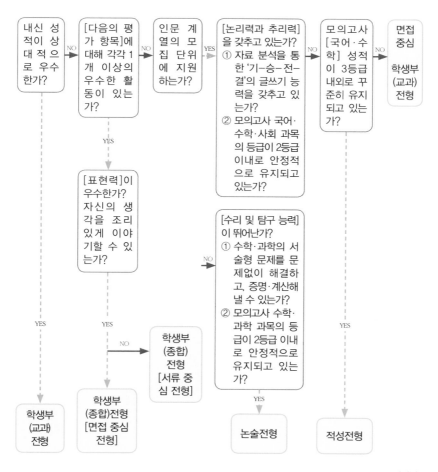

교과 활동 및 비교과 영역 평가 항목		전공 적합성 [진로]	① 전공(기초 및 심화) 관련 교과 성적이 우수하거나 향상되었는가? ② 관련 교내 경시대회에 참여했거나 수상한 경력이 있는가? ③ 관련 탐구 역량 및 노력을 소논문 등의 활동을 통해 증명할 수 있는가? ④ 독서, 동아리, 봉사 활동이 전공과 유사한가? ⑤ 각종 진로 특강 등으로 진로 선택에 도움을 받은 적이 있는가?
성실성	① 교과 성적이 해당 대학의 수준에서 판단할 때 우수한 편인가? ② 교내 모범·표창장을 받은 적이 있는가? ③ 교내 활동에서 성실성을 입증할 수 있는 결과물들을 가지고 있는가? ④ 출결 사항이 완벽한가?	나눔과 배려	① 정기적으로 꾸준히 진행한 봉사 활동이 있는가? ② 남들과는 다른 특색 있는 봉사 활동 경험이 있는가? ③ 교내 활동을 하는 중에 갈등을 해소하는 역할을 한 적 있는가? ④ 모둠 활동 수행 중 관계를 통해 유의미한 결과를 얻어낸 경험이 있는가? ⑤ 평범한 봉사 활동 중에서 나에게만 특별한 의미를 찾을 수 있었던 일화가 있는가?
자기주도성	① 자기만의 학습 방법을 가지고 있는가? ② 학습의 부족한 부분을 채우기 위한 방과 후 학습이나 심화 학습 등의 노력을 보였는가? ③ 다양한 독서 활동을 통해 배경지식을 획득하기 위한 노력을 기울였는가? ④ 학교에서 자습 시간을 충분히 활용하고 특정 상황이나 학습에서 자신만의 문제 해결력을 가지고 있는가?	리더십	① 학급, 교내 조직, 동아리의 리더 역할을 수행한 경험이 있는가? ② 행사 등에서 중요한 역할을 수행한 경험이 있는가? ③ 일상적인 학교 생활에서 리더십을 증명할 만한 사례가 있는가? ④ 리더십에 대해 다른 각도에서 해석한 경험이 있는가?

Step 4 (학생부전형을 지원하는 경우) 내 성적에 맞는 적정 지원 대학을 찾는다.

Step 1~3을 통해 내가 지원하고자 하는 대학 그룹, 안정 · 적정 · 도전 지원 여부, 중심 전형을 결정한다. 일반적으로 안정 지원은 본인의 점수대보다 한 단계 낮은 대학 그룹을 중심으로, 적정 지원은 본인의 점수대와 비슷한 대학 그룹을 중심으로, 도전 지원은 본인의 점수대보다 한 단계 높은 대학 그룹을 중심으로 찾는 것이다.

Step 5 전형별 맞춤 전략을 수립한다.

수시 최대 지원 가능 횟수는 6회이지만 지원 자체만으로 합격을 보장받을 수 없다. 또한 정해진 중심 전형만으로 6번의 기회를 모두 채운다면 합격 가능성이 줄어들 수 있다. 따라서 뚜렷한 중심 전형과 비중심 전형이 있다면 4 : 2 정도, 엇비슷하다면 3 : 3의 비율을 유지하며, 자신이 선별한 대학들의 중복 지원으로 합격률을 높이는 전략을 수립할 필요가 있다.

| 1 | 학생부(교과) 전형 |

교과 성적은 우수하지만 수능 성적이 불안한 학생들이 하향 지원하는 경향이 있다. 따라서 ①~④의 요소를 고려하여 대학을 선택하는 것이 바람직하다. 또한 대다수 대학에서 실시하고 있지만 일부 대학(건국대, 경희대, 서강대, 서울대, 성균관대, 연세대 등)에서는 실시하지 않으므로 주의해야 한다.

① 나에게 유리한 교과 성적 반영 방식(반영 교과목, 학년별 반영 비율, 반영 요소(등급, 원점수, Z점수) 등)을 확인한다.

학교별 산출 방식에 따라 가장 우수한 내신 성적을 가진 학생을 순차적으로 선발하는, 여러 수시전형 중에서 가장 단순한 전형이 학생부(교과)전형이다. 대다수 대학에서 주요 교과(인문 계열 국어·영어·수학·사회, 자연계열 국어·영어·수학·과학) 점수를 학년 구분 없이 반영한다고 하지만 대학별로 산출 방식이 다르기 때문에 개인 점수가 많게는 1등급 이상까지 편차가 생긴다. 대부분의 입시 기관에서는 학생의 내신 점수를 모두 입력하면 자동으로 학교별 점수를 계산해 주기 때문에 이 단계에서는 그 방법을 활용하는 것이 경제적이다.

② 지난 입시 결과와 최근 3개년의 경쟁률을 활용한다.

이 전형은 교과 성적이 우수한 최상위권과 상위권 학생들이 집중 지원하므로 논술전형과 적성전형에 비해 경쟁률이 낮은 반면 최초 합격 커트라인이 높게 형성된다. 다른 전형에 비해 충원 합격률이 높고 정시로 이월되는 비율이 상대적으로 높다. 우선 자신이 선택한 대학의 지난 입시 결과를 확인하고, 학교별 계산 방법에 따라 ①의 단계에서 계산된 내신 점수가 최솟값과 최댓값 사이에 있다면 합격 가능성이 있다고 볼 수 있다(다만 한국외국어대와 서울시립대의 경우 등급이 아닌 원점수가 반영되기 때문에 주의해야 한다).

또한 모집 단위(학과)를 선택할 때는 지난 3개년의 경쟁률을 확인하는 것이 좋다. 경쟁률이 높을수록 지원자의 내신 성적이 촘촘하게 몰려 있을 가능성이 높고, 경쟁률이 낮을수록 내신 성적이 다소 느슨하게 몰려 있을 가능성이 있기 때문에 최초 합격을 하지 못하더라도 추가 합격의 가능성이 있다고 볼 수 있다.

ⓐ 2016학년도 입시 결과

학교 구분	학교 소재	학교명	전형명	인문			자연		
				최소	평균	최대	최소	평균	최대
최상위	수도권	연세대 (80% Cut)	학생부교과	1.00	1.15	1.40	1.00	1.16	1.40
TOP10	수도권	한양대 (70% Cut)	학생부교과	1.00	1.11	1.40	1.00	1.09	1.30
		중앙대	학생부교과	1.20	1.38	1.50	1.70	1.70	1.70
		한국외국어대	학생부교과	1.30	1.86	3.60			
		이화여대 (80% Cut)	고교추천	1.00	1.33	1.60	1.20	1.44	1.70
TOP15	수도권	홍익대	학생부교과	1.70	2.25	2.60	1.80	2.10	2.30
		국민대	교과성적우수자	1.70	2.05	2.40	1.80	2.36	2.80
		숭실대	학생부우수자	1.50	1.84	2.30	1.60	1.99	2.30
		아주대 (80% Cut)	학교생활우수자	1.40	2.08	2.70	1.50	2.02	2.90
		인하대	학생부교과	1.30	1.93	2.40	1.30	1.82	2.40
IN- 서울	수도권	가천대 (70% Cut)	학생부우수자	1.60	2.51	3.20	1.50	2.38	3.20
			가천바람개비	2.50	2.92	3.40	2.50	3.11	3.80
		광운대	교과성적 우수자	1.70	2.09	2.60	1.60	2.09	2.60
		단국대	학생부 교과우수자	1.90	2.18	2.70	1.80	2.53	3.60

IN-서울	수도권	명지대 (80% Cut)	학생부교과	2.00	2.16	2.40	2.40	2.56	2.80
			학생부교과면접	2.20	2.77	3.30	2.80	3.29	3.80
		세종대	학생부우수자	1.40	1.53	1.70	1.60	2.01	2.30
		한국항공대	교과성적우수자	1.20	1.60	2.00	1.10	1.64	2.00
	캠퍼스	한국외국어대 (용인)	학생부교과	2.30	2.42	2.70	3.10	3.35	3.60
		한양대(Erica)	학생부교과	1.50	2.24	3.30	1.80	2.39	3.40

ⓑ 2017학년도 수시 경쟁률 : 부록 참조.

③ 수능 최저학력기준을 고려한다.

동일한 학교 그룹 내에서 다른 학교들에 비해 최저학력기준이 높은 경우가 있다. 예를 들어 중앙대학교는 인문·자연 계열 모두 국어·수학·영어·탐구(탐구 1과목) 4개 영역 중 우수한 3개 영역의 등급 합이 5등급이어야 하는데, 동일 그룹 내의 한국외국어대학교(인문 2개 합 4등급)와 서울시립대학교(인문 3개 합 6등급, 자연 2개 합 4등급), 상위 그룹인 고려대학교(인문 3개 합 6등급, 자연 3개 합 7등급)에 비해 높다. 학생부(교과)전형에서 수능 최저학력기준의 유무는 상향 지원을 결정하는 중요한 판단 요소가 된다. 일반적으로 최저학력기준이 있다면 미충족 인원이 발생할 수 있기 때문에, 그렇지 않은 경우에 비해 합격 가능 점수가 낮아진다. 따라서 수능 최저학력기준을 충족할 수 있다면 상향 지원의 기회가 있다.

학교구분	학교명	인문	자연	비고
최상위	고려대	3개 합 6(한 3)(탐구 평균)	3개 합 7(한 4)(탐구 평균) *의예 : 4개 합 5(한 4)(탐구 평균)	
TOP 10	한양대	없음	없음	
	중앙대	3개 합 5(탐구 1과목)(한 4)	• 서울 : 3개 합 5(탐구 1과목)(한 4) • 안성 : 2개 합 5(탐구 1과목)(한 4)	
	한국외대	• 서울 : 2개 합 4(탐구 평균)(한 4) * L&D, L&T 국·수·영·탐(탐구 1과목) 3개 합 4(한 4) • 용인 : 국·수·영 3등급 1개(한 4)	국·수·영·탐(1과목) 3등급 1개	
	서울시립대	3개 합 6(탐구 1과목)	2개 합 4(탐구 1과목)	
	이화여대	없음	없음	
TOP 15	홍익대	3개 합 6(탐구 1과목)(한 4)	3개 합 7(탐구 1과목)(한 4)	
	숙명여대	3개 합 6(탐구 1과목)	3개 합 6(탐구 1과목)	
	아주대	없음	없음	
	인하대	3개 합 7(탐구 1과목)	2등급 2개 *의예 : 3개 합 4(탐구 평균)	
	국민대	없음	없음	
	숭실대	국·수·탐 2개 합 6(탐구 평균)	국·수·탐 2개 합 7(탐구 평균)	
	성신여대	없음	없음	
IN-서울	가천대	2개 합 6(탐구 1과목) *야간: 2개 합 7(탐구 1과목)	2개 합 6(탐구 1과목) *의예 : 1등급 2개(탐구 평균)	
	단국대	2개 합 6(탐구 1과목)	2개 합 6 (탐구 1과목)	
	광운대	없음	없음	
	명지대	없음	없음	
	세종대	없음	없음	
	한국항공대	2개 합 5(탐구 1과목)	• 공학 : 2개 합 6(탐구 1과목) • 이학 : 2개 합 5(탐구 1과목)	
	한국체육대	4등급 3개(탐구 평균)	4등급 3개(탐구 평균)	
	연세대 (원주)	없음	*의예 : 국·수·탐1·탐2 중 3개 합 4(영 2, 한 4)	

한양대 (Erica)	2개 합 6(각 4 이내, 탐구 평균)	2개 합 6(각 4 이내, 탐구 평균)

④ 수능에 집중하고 싶다면 단계별 전형보다 일괄 전형을 노려라.

학생부(교과)전형은 전형 방식에 따라 일괄 전형 또는 단계별 전형을 실시하는데, 일괄 전형은 수능 최저학력기준을 적용하는 대학이 많아 당락에 큰 영향을 미치는 반면, 단계별 전형은 최저학력기준을 적용하지 않는 대학이 많아 충원 합격 등을 고려했을 때 1단계 통과 기준이 되는 교과 성적이 당락에 큰 영향을 미친다.

단계별 전형의 경우 1단계 합격자를 발표하고 2단계 전형을 실시하기 때문에 합격 발표에 따른 심리적 동요가 발생하거나, 2단계 전형을 준비하는 시간이 필요하다. 따라서 수능에 보다 더 집중하고 싶다면 단계별 전형보다는 일괄 전형 방식을 선택하는 것이 보다 현명하다.

check point

교과 성적이 좋아야만 학생부(교과)전형에 지원할 수 있나요?

일반적으로는 그렇다. 하지만 대학에 따라 성적 기준이 다르므로 내신도 상대적으로 이해해야 한다. 서울권의 인기 있는 학교는 1점대이지만 비교적 학생들의 선호도가 떨어지는 지방 대학이라면 교과 성적이 낮아도 합격할 수 있기 때문이다.

학생부(종합)전형은 거의 모든 대학에서 실시한다. 학업 의지, 전공 적합성, 학업 성취도, 창의성, 인성, 발전 가능성 등을 정성적으로 고려하여 대학과 학과별 기준에 맞는 우수 인재를 선발하는 전형이다. 성적과 학교 교과 활동 및 비교과 영역이 우수한 학생들이 비슷한 수준의 여러 학교에 집중 지원하고, 상위 대학을 제외한 대다수의 학교가 수능 최저학력기준을 두지 않기 때문에 중복 합격자가 많아 다른 전형에 비해 충원 합격률이 높은 편이다. 1단계 통과 여부가 최종 당락에 결정적인 역할을 한다.

학생부(종합)전형에서 교과 성적은 단순한 수치값으로 반영되지 않는다. 모집 단위별로 중요한 과목의 성취 등급이나 등급의 변화 추이가 정성적으로 반영되어 평가 점수화된다. 예를 들어 1~2학년 지정 과목의 내신 성적이 1등급이고 3학년에 3등급을 취득한 경우보다, 1~2학년 지정 과목의 내신 성적이 2~3등급 수준이던 학생이 3학년에 1등급을 취득한 경우, 노력의 가치를 인정받아 더 좋은 점수를 취득할 수 있다.

① 지원 학과를 결정한다.

전공 적합성, 자기주도성 등을 고려하여, 자신에게 유리한 모집 단위를 찾는다. 학생부(종합)전형은 자신의 교과 활동이 어떤 모집 단위에 가장 적합한가를 찾아내는 데서 시작된다. 일반적으로 교과 성취 수준이 뛰어나고 꾸준히 유지·상승되는 과목, 교과 활동의 우수한 결과물, 자기주도성을 드러낼 수 있는 사례들이 자신에게 유리한 하나의 모집 단위가 된다. 즉, 자신의 관심 분야였음을 나타낼 수 있다면 자연스럽게 지원 학과로 연결되는 것이다.

② 전형 세부 유형을 선택한다.

학생부(종합)전형이 모두 인성 면접이나 서류 평가로 진행되는 '서류 중심 전형(서류 기반 면접 포함)'을 의미하지는 않는다. 학생부(종합)전형 중 전공 면접이 추가 진행되는 '면접 중심 전형(교과 관련 면접 중심)'은 서류 이외에도 교과 지식과 논리적인 표현 능력, 풀이법 등이 추가적으로 요구되기 때문에 평소 생각을 글로 적어 발표하는 연습을 하거나 토론 동아리 활동 등으로 논리적인 전달력에 익숙해질 필요가 있다.

학교 구분	면접 중심 전형(교과 관련 면접 중심)	서류 중심 전형(서류 기반 면접 포함)
최상위	서울대, 포항공대, 연세대, 고려대	서울대[지역균형선발], 고려대[특수교육대상자]
TOP10	서울교대, 경희대[네오르네상스], 서울시립대, 중앙대, 한국외대, 건국대, 경인교대	경희대, 서강대, 성균관대, 이화여대, 중앙대[탐구형인재], 한양대
TOP15	숙명여대, 동국대, 경희대(국제)[네오르네상스], 한동대, 국민대, 숭실대, 아주대, 인하대	경희대(국제), 한동대[고교생활우수자], 국민대[학교생활우수자], 성신여대
IN-서울	명지대, 서울과기대, 세종대, 가천대, 한국외대(글로벌), 한국항공대, 연세대(원주)	단국대(죽전), 한국항공대[학교생활우수자], 한양대(Erica)

③ 특기자전형 지원 여부를 결정한다.

특기자전형은 일반적으로 학생부(종합)전형과 유사한 선발 방식을 따르지만, 지원 자체에 세부적인 제한 요건을 두고 있어 일부 학생들만 지원할 수 있다. 이 전형에는 외국어 특기자(영어, 일본어, 중국어 등), 수학 · 과학 특기자, 발명 특기자 등이 있으므로 대학의 입학처에서 지원 가능한지를 확인해야 한다.

|3| 논술전형 |

서울 소재 대학, 수도권 대학, 지방 국립대 등 중상위권 대학에서만 실시하는 전형으로, 내신 성적이 낮거나 교과 및 비교과 활동이 부족하지만 중상위권 대학으로 진학하고자 하는 학생들이 가장 선호하는 수시전형이다. 대체로 학생부 실질 반영 비율이 높지 않고 논술과 수능 최저학력기준으로 합격자가 결정되는 전형이다.

① 출제 경향을 확인하고 문제 유형을 익힌다.

논술전형은 '2015 대입 간소화 방안'의 직접 제재가 가장 강하게 적용받는 전형으로, 시험 문제가 고교 교육과정의 범위와 수준 내에서 출제되지만, 문제 유형을 익히지 않고 어중간하게 수능 최저학력기준을 맞출 생각으로 상향 지원할 경우 합격생들의 들러리로 전락할 가능성이 높다. 따라서 대학별 기출문제 확인과 수능 최저학력기준 충족성을 염두에 두고 지원해야 합격 가능성이 있다. 대학별 기출문제와 출제 의도, 제시문의 출처와 고교 교육과정의 연계 여부는 각 대학교 홈페이지에 나와 있고, 인문 계열은 언어 · 언어사회통합형(도표추론) · 수리논술, 자연 계열은 수리 · 수리-과학논술 · 수리과학통합형 논술로 구분할 수 있다.

② 주요 변수 과목에서 2등급 이내의 성적을 유지하는지 확인한다.

논술전형은 제시문을 요약하거나 도표를 추론하고 수식에 따라 계산하여 논제에 따라 답하는 글을 평가하고, 수능 결과를 통해 일정한 학력 수준을 가지고 있는지를 따져 합격자를 선발하는 방식을 말한다. 따라서 논술시험의 유형과 문제에 반영되는 교과목, 최저학력기준 등을 고려하여 대학을 선정한다면 합격 가능성을 한층 높일 수 있다. 모의고사에서 꾸준히 충족되어도 정작 수능시험에서는 점수가 하락할 수 있으므로 한두 번의 충족만으로 일반화해서는 안 되며 관련 과목에서 적어도 1, 2등급이 유지되어야 한다.

대학 그룹별 논술 유형

학교 그룹	인문			자연		
	언어논술	언어사회통합형 논술(도표추론)	수리 논술	수리논술	수리논술 +과학논술	수리과학 통합형 논술
변수 과목	국어, 사회	국어, 수학, (일반)사회	수학	수학(가)	수학(가), 과학	수학(가), 과학
최상위	연세대			연세대		
TOP10	중앙대[인문사회], 경희대[인문예체능계열], 이화여대[인문Ⅰ]	서강대, 성균관대, 한양대[인문사회], 중앙대[경영경제], 경희대[사회], 한국외대, 서울시립대, 이화여대[인문Ⅱ], 건국대[인문사회]	한양대[상경], 건국대[상경]	서강대, 한양대, 서울시립대, 이화여대	성균관대, 중앙대, 경희대, 건국대	

TOP15	동국대, 홍익대, 숙명여대, 경희대(국제)[인문], 숭실대[인문사회]	숭실대[경상 계열], 아주대[인문사회], 인하대	경희대(국제)[사회], 아주대[금융공학]	홍익대, 아주대, 인하대	동국대, 경희대(국제), 숭실대	숙명여대
IN-서울	서울과학기술대, 광운대	세종대, 한국항공대, 단국대, 연세대(원주), 한국외대(글로벌), 한양대(Erica)		서울과학기술대, 세종대, 광운대, 한국항공대[공학 계열], 단국대, 한양대(Erica)	연세대(원주)	한국항공대[이학 계열]

논술전형 학교별 최저학력기준

학교 구분	학교명	인문	자연
최상위	연세대	국·수·탐1·탐2 4개 합 7(영 2, 한 3)	국·수·탐1·탐2 4개 합 8(영 2, 한 3) *의예, 치의예 : 1등급 3개
TOP10	서강대	2등급 3개(한 4)(탐구 1과목)	2등급 3개(한 4)(탐구 1과목)
	성균관대	국·수·탐 2개 합 4(탐구 평균)(영 2, 한 4) *글로벌리더·경영·경제 : 국·수·탐 2개 합 3(탐구 평균)(영 2, 한 4)	국·수·탐 2개 합 4(탐구 평균)(영 2, 한 4) *반도체, 소프트웨어, 글로벌 : 수·탐 합 3(탐구 평균)(영 2, 한 4) *의예 : 국·수·탐 합 4(탐구 평균)(영 1, 한 4)
	한양대	없음	없음
	중앙대	3개 합 5(탐구 1과목)(한 4)	• 서울 : 3개 합 5(탐구 1과목)(한 4) • 의학 : 4개 합 5(탐구 평균)(한 4) • 안성 : 2개 합 5(탐구 1과목)(한 4)
	경희대	2개 합 4(탐구 1과목)(한 5) *한의예 : 3개 합 4(한 5)	2개 합 5(탐구 1과목) *의예, 한의예, 치의예 : 3개 합 4(한 5)
	한국외국어대	• 서울 : 2개 합 4(탐구 평균)(한 4) • 용인 : 영 1 또는 2개 합 6(탐구 평균)(한 4)	
	서울시립대	없음	없음

TOP10	이화여대	3개 합 6(탐구 평균) *스크랜튼 : 3개 합 4	2개 합 4(탐구 평균) *의예 : 3개 합 3 스크랜튼, 뇌인지 : 3개 합 5
	건국대	없음	없음
TOP15	동국대	3개 합 6(탐구 1과목) *경찰행정 : 3개 합 5	2등급 2개
	홍익대	3개 합 6(탐구 1과목)(한 4)	3개 합 7(탐구 1과목)(한 4)
	숙명여대	3개 합 6(탐구 1과목)	3개 합 6(탐구 1과목)
	아주대	없음	없음 *의학 : 3개 합 5
	인하대	없음	없음
	국민대	없음	없음
	숭실대	국·수·탐 2개 합 6(탐구 평균)	국·수·탐 2개 합 7(탐구 평균)
IN-서울	단국대	없음	없음
	광운대	없음	없음
	세종대	3개 합 6(탐구 평균)	3개 합 7(탐구 평균)
	한국 항공대	없음	없음
	서울 과기대	없음	없음
	연세대 (원주)	국·수·탐1·탐2 2등급 1개 또는 2개 합 6(영어 1등급=3등급 인정)	국·수·탐1·탐2 2등급 1개 또는 2개 합 6(영어 1등급=3등급 인정) *의예 : 1등급 3개(영 2, 한 4)
	한양대 (Erica)	2개 합 6(각 4 이내, 탐구 평균)	2개 합 6(각 4 이내, 탐구 평균)

논술 교과목

① 어문 계열의 경우 문학 · 생활과 윤리 · 윤리와 사상 관련 지문, 사회과학 계열의 경우 사회문화 · 법과 정치 · 경제 관련 지문, 상경 계열의 경우 경제 · 윤리와 사상 관련 지문이 제시문으로 많이 활용된다.

또한 일부 학교에서는 영어 지문이 출제되기도 하므로 학교 홈페이지에서 확인할 필요가 있다.

② 자연 계열 : 대다수 학교에서 물리 · 화학 · 생명과학 · 지구과학에서 1과목을 선택하여 응시하도록 하나, 일부 학교에서는 혼합형 또는 지구과학 과목을 제외하기도 하므로 학교 홈페이지에서 확인하고 자신의 수능 탐구 선택 과목과의 연계성을 고려해야 한다.

| 4 | 적성전형 |

학생부 교과 성적과 별도의 적성고사 시험 성적을 반영하는 전형이다. '2015 대입 간소화 방안'으로 모집 정원이 급격하게 감소하고, 기존 적성고사를 실시하던 대학은 논술전형과 학생부(종합)전형으로 변경하는 경우가 많다. 하지만 일부 대학에서는 시험문제를 수능의 중상위 난이도로 출제하여 그 명맥을 유지하고 있다.

① 문항 구성과 출제 범위, 최저학력기준을 확인한다.

대다수 적성고사 실시 대학의 합격 가능선(내신, 학생부(교과) 기준)이 2등급 후반에서 4등급 사이에 분포하고, 학생부 5등급까지는 적성고사 1~2문제를 더 맞힐 경우 학생부 1등급 차이를 극복할 수 있기 때문에 해당 대학뿐만 아니라 3개년의 기출문제를 풀어보고 자신이 부족한 부분을 채울 수 있다면 한번 도전해 볼 만하다. 하지만 일부 대학(고려대(세종), 홍익대(세종))은 수능 최저학력기준을 두고 있어, 다른 학교에 비해 적성고사 점수 합격 커트라인이 상대적으로 낮으므로 수능 등급을 충족할 수 있다면 해당 대학을 우선적으로 고려해 봐야 한다.

학교명	문항수	인문				자연			
		국어	수학	영어	최저학력기준	국어	수학	영어	최저학력기준
가천대	50	20	20	10	–	20	20	10	–
서경대	60	30	30	–	–	30	30	–	–
수원대	60	30	30	–	–	30	30	–	–
을지대	60	20	20	20	–	20	20	20	–
삼육대	50	25	25	–	–	25	25	–	–
성결대	50	25	25	–	–	25	25	–	–
평택대	50	25	25	–	–	25	25	–	–
한국산업기술대	70	25	20	25	–	25	20	25	–
한성대	60	30	30	–	–	30	30	–	–
한신대	80	40	40	–	–	40	40	–	–
고려대 (세종)	40	20	–	20	국·수·탐(탐구 평균) 중 3등급 1개 또는 영어 2등급	–	20	20	국·수·탐(탐구 평균) 중 3등급 1개 또는 영어 2등급
홍익대 (세종)	50	–	25	25	국·수·영·탐(탐구 1과목) 중 2개 합 8	–	25	25	국·수·영·탐(탐구 1과목) 중 2개 합 9

대학	언어	영어	고교 수학 (상·하)	수학I	미적분	통계	자연계	
							수학II	기하벡터
가천대, 을지대, 한국산업기술대	○	○	○	○	○	○	X	X
삼육대, 성결대, 수원대, 한성대, 한신대	○	X	○	○	○	○	X	X
서경대	○	X	○	○	X	○	X	X

학교명		자연	X	○	○	○	○	○	X	X
고려대(세종)		인문	○	○	X	X	X	X	X	X
홍익대(세종)			X	○	○	○	○	X	○	△

② 국어·수학 성적을 기준으로 지원 가능 여부를 결정한다.

적성전형은 일반적으로 국어 · 수학 · 영어 3개 과목에 대해 수능 출제 난이도의 80%에 해당하는 문제를 다량 출제하여 짧은 시간(개당 1~2분) 안에 풀도록 하여 정답률이 높은 순으로 합격자를 결정하는 방식이다. 따라서 평소 치르던 모의고사 성적을 토대로 지원 가능 여부를 판단하여 적정 지원 가능권을 선택할 필요가 있다.

학교명	시간	문항수	합격 가능 정답 개수	지원 가능 점수[모의고사 기준]			
				인문		자연	
				국어	수학(나)	국어	수학(가)
가천대	60	50	35~40	2	3	3	3
서경대	60	60	40~45				
한성대	60	60	40~45				
수원대	60	60	40~45	3	4	3	5
을지대	60	60	40~45				
삼육대	60	50	35~40				
성결대	60	50	35~40				
평택대	60	50	35~40				
한국산업기술대	80	70	49~56				
한신대	60	80	56~64				
고려대(세종)	80	40	28~32	3	–	–	4
홍익대(세종)	100	50	35~40	–	3	–	4

③ 출제 경향을 파악하고 대비하라

수능 준비가 곧 적성고사 준비라고 생각해야 한다. 하지만 적성고사를 대비한 학습의 비중을 높이고 싶다면, 적성고사 유형이 비슷한 학교의 3개년 기출문제를 시간 내에 풀어보거나, 국어에서는 비문학 문제 풀이, 수학에서는 2~3점짜리 문제 풀이, 영어는 단문 독해 중심으로 틈틈이 짧은 시간 안에 문제 풀이 연습을 해야 한다. 범위는 교과서를 벗어나지 않으므로 수능 공부 방식으로 이어나가면 된다.

Step 6 최종 지원 전략을 수립하고, 지원 대학 및 모집 단위를 결정한다.

수시 6회 지원에 맞춰 Step 1~5단계에 따라 선정된 '전형-대학-전공'에 따라 수시 지원 카드를 작성한다. 일반적인 경우에는 도전형과 적정·안정형의 비율을 1 : 1로 운영하지만 재수까지 감안한 경우에는 안정형을 제외하고 작성하기도 한다.

일반적인 경우

도전형(3장)		적정형(2장)		안정형(1장)	
수시 전략	내 점수상의 수시 지원 가능 대학보다 1~2단계 높은 수준의 대학에 지원한다.	수시 전략	내 점수상의 수시 지원 가능 대학보다 1단계 높거나 비슷한 수준의 대학에 지원한다.	수시 전략	내 점수상의 수시 지원 가능 대학보다 비슷하거나 1단계 낮은 수준의 대학에 지원한다.

[최종 수시 지원 카드] : (예시) 인문 계열 / 내신 · 모의 2.5등급 / 수시형 / 학생부(종합)전형 중심 / 사회과학 계열 / 일반형 기준

유형 구분	학생부 (교과)전형	학생부(종합)전형		논술 전형	적성 전형
		면접 중심	서류 중심		
도전		(1) 건국대[KU자기 추천전형 행정학과]	(2) 중앙대[탐구형 인재전형 사회학과]	(3) 서울시립대[고 교추천전형 철학과]	
적정		(4) 동국대[Do- Dream전형 법학과]		(5) 숭실대[논술전 형 행정학과]	
안정			(6) 가천대[가천바 람개비전형 법학과]		

　　위의 학생은 3 : 3 전략으로 건국대, 중앙대, 서울시립대 쪽을 적정 내지 약간 상향으로 썼고 숭실대와 가천대는 하향 지원했다.

[최종 수시 지원 카드] : (예시) 자연 계열 / 내신 · 모의 2.5등급 / 수시형 / 학생부(종합)전형 중심 / 자연과학 계열 / 일반형 기준

유형 구분	학생부 (교과)전형	학생부(종합)전형		논술 전형	적성 전형
		면접 중심	서류 중심		
도전		(1) 중앙대[다빈치 인재전형 수학과]	(2) 한양대[학생부 종합전형 수학과]	(3) 성균관대[일반 전형 공학 계열]	
적정		(4) 경희대(국제)[네 오르네상스전형 응 용수학과]		(5) 홍익대[논술전 형 수학교육학과]	
안정			(6) 단국대[DKU인 재전형 기계공학과]		

　　위의 학생은 중앙대, 한양대, 성균관대까지 상향 또는 적정으로 지원하고, 경희대가 자신의 등급대이다. 단국대와 홍익대는 약간 하향 지원했다.

재수를 감안하는 경우

도전형(5장)		적정형(1장)		안정형(0장)	
수시 전략	내 점수상의 수시 지원 가능 대학보다 3~4단계 높은 수준 의 대학에 지원한다.	수시 전략	내 점수상의 수시 지원 가능 대학보다 1~2단계 높은 수준 의 대학에 지원한다.	수시 전략	

　재수까지 생각하는 학생들은 일반적으로 문과보다는 이과에서 많다. 성적의 고른 분포가 수능일을 넘어서야 나올 것이라고 짐작하기 때문에 대부분 상위권 학생들이다. 수시 지원보다는 정시를 염두에 두고 있으며 학생부(종합)전형을 위한 서류 작성에도 그다지 시간을 빼앗기지 않으려고 한다. 지원 형태도 점수와 맞지 않는 방향으로 소위 '지르는' 쪽을 선택한다.

실제 사례

이번 장에서는 실제 학생부(종합)전형에 합격한 학생들을 통해 내신 성적은 어땠는지, 어떤 활동들을 통해 전공 적합성을 보여주었는지 등을 알아보려고 한다. 학생부(종합)전형의 평가 방식이 정량평가가 아닌 점을 감안하여 일반화하기는 어렵고 학생부 전체를 통한 맥락의 이해가 어려운 점을 양해해 주기 바란다.

학생부
(종합)

❶ 인문 계열

| 1 | 사례 1(A학생)

내신		모의고사(수능)					학생의 특징
		백분위(등급)					
전교과	주요교과	국	수(나)	영	사탐		교과 영역(활동 포함) · 비교과 영역
					제1선택	제2선택	
1.04	1.05	99	99	98	99	90	• 전 교과 성적이 매우 우수함. • 모집 단위 관련 자격증(TESAT 1급) 소유 • 사회탐구 선택 : 생활과 윤리, 사회문화 • 진로 : 경제학 교수 • 경제 동아리(2~3학년)를 통해 다양한 경제 실습 및 스터디 진행 • 경제 관련 R&E 작성
		1	1	1	1	2	

수상			자격인증	독서	봉사	동아리			R&E (소논문)	자치	
교과	비교과	계				CA	심화	자율		학급	학교
33	11	44	2	41	88	• 경제논술(1) • 경제 동아리(2~3)	• 수학(1) • 수학(3)	• 경제논술(1) • 경제 동아리(2~3)	• 학교 개선점 탐색 • 웹툰 사이트별 유료 웹툰에 대한 소비 경향 분석	3	

no	학교명	모집단위	전형구분	전형명	세부 전형 방법	최저학력기준		최종결과
						충족 기준	충족여부	
1	서울대	경제학부	종합	지역균형 선발전형	(일괄)서류 평가 및 면접 100	국·수·영·탐2 3개 2등급	○	추가 합격
2	연세대	경영학과	교과	학생부 교과전형	(단계) ① 교과 100(3배수) ② 교과 70+비교과 30	국·수·영·탐2 2개 합 4 (한 3)	○	합격

3	연세대	경영학과	종합	학교활동 우수자	(단계) ① 서류 100(2.5배수) ② 서류 70+면접 30	국·수· 영·탐2 3개 합 6 (한 3)	○	1단계 합격 (2단계 미응시)
4	고려대	경영대학	종합	융합형인재 전형	(단계) ① 서류 100(3배수) ② 서류 70+면접 30	국·수· 영·탐2 2개 합 4 (한 3)	○	1단계 합격 (2단계 미응시)

　　교과 성적이 매우 우수하고 경제학 관련 활동이 많아 적합성을 보여 주기에 충분하다. 무엇보다 내신 성적이 매우 우수하여 최상위 대학에 두루 합격할 수 있었다.

| 2 | 사례 2(B학생)

내신		모의고사(수능)					학생의 특징
		백분위(등급)					
전 교과	주요 교과	국	수 (나)	영	사탐		교과 영역(활동 포함) · 비교과 영역
					제1 선택	제2 선택	
1.21	1.19	97	99	96	93	85	• 국어 및 영어 교과 성적 우수. • 각종 교내 글짓기 대회 참여 및 수상 • 사회탐구 선택 : 생활과 윤리, 윤리와 사상 • 진로 : 드라마 작가→번역가→언어학자 • 1인2기 캘리그라피 활동
		1	1	1	1	3	

수상			자격인증	독서	봉사	동아리			R&E (소논문)	자치	
교과	비교과	계				CA	심화	자율		학급	학교
47	5	52	–	84	115	• 생화학탐구(1) • 문학창작(2) • 봉사(3)	• 국어(2) • 수학(1~2) • 영어(1~2) • 사회(2) • 교양(1)	• 봉사(1~3)	• 뉴미디어가 청소년에게 미치는 영향과 개선 방안	2	1

no	학교명	모집단위	전형구분	전형명	세부 전형 방법	최저학력기준		최종결과
						충족 기준	충족여부	
1	서울대	언어학과	종합	일반전형	(단계) ① 서류 100(3배수) ② 서류 50+면접 50	×	–	합격
2	연세대	정치외교학과	논술	일반전형	(일괄)학생부 30+논술 70	국·수·영·탐1 4개 합 6(한 3)	○	불합격
3	연세대	국어국문학과	종합	학교활동우수자	(단계) ① 서류 100(2.5배수) ② 서류 70+면접 30	국·수·영·탐2 3개 합 6(한 3)	○	합격
4	고려대	자유전공학부	논술	일반전형	(일괄)학생부 40+논술 60	국·수·영·탐2 3개 2등급(한 3)	○	합격
5	고려대	언어학과	종합	학교장추천전형	(단계) ① 교과 90+서류10 (3배수) ② 서류 70+면접 30	국·수·영·탐2 2개 합 4(한 3)	○	합격

교과 성적이 우수하고 언어학과에 지원하기 위한 활동이 맥락에 맞춰 일관성 있게 이루어졌다. 평소 글쓰기 능력이 뛰어난 학생으로 자기소개서가 논리적으로 잘 정돈되었다. 면접에서 자신의 생각에 대한 적절한 근거를 교과의 내용과 연관 지어 설명했다.

| 3 | 사례 3(C학생)

내신		모의고사(수능)					학생의 특징
		백분위(등급)					
전교과	주요교과	국	수(나)	영	사탐		교과 영역(활동 포함) · 비교과 영역
					제1선택	제2선택	
1.23	1.15	100	87	97	90	75	• 1학년→2학년→3학년으로 진급할수록 성적 향상도가 높음. • 사회문화 조사 보고서(R&E) 작성 • 경제 동아리를 통해 모의경매, 민주시민 프로젝트 진행 • 사회탐구 선택 : 생활과 윤리, 사회문화 • 진로 : 방송기자→마케팅, 홍보전문가 • 수원 관광 알리미 활동 • 민주시민 프로젝트 활동
		1	2	1	2	3	

수상			자격인증	독서	봉사	동아리			R&E (소논문)	자치	
교과	비교과	계				CA	심화	자율		학급	학교
37	6	43	–	35	94	• 학교 신문(1~2) • 영어 구문(3)	• 국어 • 사회(1~2)	• 경제(2) • 토론대회 기획(1)	• 청소년 과소비 현상의 실태 및 소비 특성에 대한 연구 • 예능 프로그램에 나타난 청소년의 가족에 대한 인식 변화		3

no	학교명	모집단위	전형구분	전형명	세부 전형 방법	최저학력기준		최종 결과
						충족 기준	충족 여부	
1	서울대	소비자아동학과	종합	일반전형	(단계) ① 서류 100(3배수) ② 서류 50+면접 50	×	–	합격
2	고려대	경영대학	논술	일반전형	(일괄)학생부 40+논술 60	국·수·영·탐2 3개 2등급(한 3)	○	합격
3	고려대	영어영문학과	종합	학교장추천전형	(단계) ① 교과 90+서류 10 (3배수) ② 서류 70+면접 30	국·수·영·탐2 2개 합 4(한 3)	○	합격
4	서강대	경영학과	종합	학생부(종합) (일반형)	(일괄)서류 100	국·수·영·탐2 2등급 3개(한 4)	○	합격

평소 경영·경제 관련 분야에 관심이 많은 학생으로 서울대를 지원하기에는 점수가 부족하여 그다음으로 관심 있는 학과인 소비자아동학과에 지원했다. 소비자의 패턴과 심리와의 연관성을 주제로 여러 활동들을 연관 지어 전공 적합성의 폭을 넓혔다.

| 4 | 사례 4(D학생)

내신		모의고사(수능)					학생의 특징
		백분위(등급)					
전교과	주요교과	국	수(나)	영	사탐		교과 영역(활동 포함) · 비교과 영역
					제1선택	제2선택	
1.89	1.75	81	93	82	93	83	• 한자어 경시대회(대상, 은상) • 사회탐구 선택 : 사회문화, 생활과 윤리 • 진로 : 아나운서→사회복지사 • 1인2기 : 중창, 합창 • 3학년 1학기 봉사 활동 지속
		3	2	3	1	3	

수상			자격인증	독서	봉사	동아리				R&E (소논문)	자치	
교과	비교과	계				CA	심화	자율			학급	학교
20	8	28	–	18	161	• 방송반 (1~3)	• 사회(1)			• 청소년 자살의 원인 : 친구 관계	2	

no	학교명	모집단위	전형구분	전형명	세부 전형 방법	최저학력기준		최종결과
						충족 기준	충족여부	
1	고려대	한문학과	종합	융합형 인재전형	(단계) ① 서류 100(3배수) ② 서류 70+면접 30	국·수·영·탐2 2개 합 4(한 3)	○	1단계 합격 (최종 예비 1번)
2	성균관대	전공예약–사회복지학	종합	글로벌 인재전형	(일괄)서류 100	×	–	추가 합격
3	중앙대	사회복지학부	교과	학생부 교과전형	(일괄)학생부 100	국·수·영·탐1 3개 합 6	○	추가 합격

4	중앙대	사회복지학부	종합	다빈치형 인재	(단계) ① 서류 100(3배수) ② 서류 70+면접 30	×	-	합격

생활과 윤리 과목에서 철학 사상을 자신의 배려 정신과 연관 지어 설명했다. 소논문(R&E) 활동과 1인2기를 통해 사회를 보는 시선과 각 개인의 역할이 모여 조화로운 사회를 만들 수 있다는 점을 강조하여 사회복지학과와 연계성을 강화했다.

| 5 | 사례 5(E학생)

내신		모의고사(수능)					학생의 특징
		백분위(등급)					
전교과	주요교과	국	수(나)	영	사탐		교과 영역(활동 포함) · 비교과 영역
					제1선택	제2선택	
3.54	3.59	96	66	41	87	76	• 각종 글짓기 대회 수상(통일안보, 언어순화, 백일장 등) • 교내 토론 대회(은상) • 사회탐구 선택 : 생활과 윤리, 사회문화 • 진로 : 기자 • 교내 대회(모의 유엔대회) 도입 및 개최 • 1인2기 : 캘리그라피, 복싱
		2	4	5	2	3	

수상			자격인증	독서	봉사	동아리				R&E (소논문)	자치	
교과	비교과	계				CA	심화	자율			학급	학교
13	5	18	–	18	88	• 학교 신문반 (1~3)	• 국어(2)	• 모의 유엔(2~3) • 봉사(2) • 사진(2)		• 학교 개선점 탐색		

no	학교명	모집단위	전형구분	전형명	세부 전형 방법	최저학력기준		최종결과
						충족 기준	충족여부	
1	한양대 (Erica)	한국언어 문학과	종합	학생부종합 전형	(일괄)학생부100	×	–	불합격
2	서울여대	국어 국문학	논술	논술우수자 전형	(일괄) 교과30+논술70	국·수· 영·탐2 2개 합 7	○	불합격
3	건국대 (글로벌)	문화 콘텐츠 학부	종합	KU자기추천 전형	(단계) ① 서류100(3배수) ② 면접100	×	–	합격

글쓰기를 잘하는 학생으로 각종 글짓기 대회, 토론 대회, 1인2기 등의 활동을 통해 인문학적 소양을 드러냈다. 모의 유엔대회의 참여를 여러 국가의 문화를 이해하는 방향으로 서술하여 상대성 및 개방성을 강조했다.

내신		모의고사(수능)					학생의 특징
		백분위(등급)					
전교과	주요교과	국	수(나)	영	사탐		교과 영역(활동 포함) · 비교과 영역
					제1선택	제2선택	
4.19	4.08	26	38	82	44	31	• 독서 인증 및 독서 활동 관련 수상 다수 • 영어 관련 경시대회 수상 다수 • 사회탐구 선택 : 한국지리, 사회문화 • 진로 : 사회복지사 • 학급 내 봉사부장, 봉사 동아리 차장 등 • 개인 연계 봉사 활동 · 봉사 동아리 · 학습 지원 멘토링 활동 • 1인2기 : 농구, 통기타
		6	6	3	5	6	

수상			자격인증	독서	봉사	동아리			R&E (소논문)	자치	
교과	비교과	계				CA	심화	자율		학급	학교
12	8	20	–	49	226	• 영자 신문(1~2) • 봉사(3)	• 국어(3) • 영어(2~3) • 사회(1)	• 봉사(1~2)	• 보육 교사가 되기 위한 자격 요건 향상의 필요성		

no	학교명	모집단위	전형구분	전형명	세부 전형 방법	최저학력기준		최종결과
						충족 기준	충족 여부	
1	가천대	사회복지학과	종합	가천 프런티어 전형	(단계) ① 서류 100(4배수) ② 서류 50+면접 50	×	–	1단계 합격
2	강남대	사회복지학부	종합	잠재역량 우수자전형	(단계) ① 서류 100(3배수) ② 면접 100	×	–	합격

3	성공회대	사회복지학과	종합	열린인재	(단계) ① 서류 100(5배수) ② 서류 50+면접 50	×	–	1단계 합격

일찍부터 사회복지사로 진로를 정하고 꾸준한 봉사 활동으로 일관성을 보여주었다. 전공 적합성에 부합하며 강남대에 합격했다.

② 자연 계열

| 1 | 사례 1(A학생)

내신		모의고사(수능)					학생의 특징
		백분위(등급)					
전교과	주요교과	국	수(가)	영	과탐		교과 영역(활동 포함) · 비교과 영역
					제1선택	제2선택	
1.49	1.48	99	79	96	92	64	• 수학(7회) 및 과학(2회) 교과 관련 수상 다수 • 수학 창의구조물 대회(대상) • 과학탐구 선택 : 지구과학, 생명과학2 • 진로 : 의사 → 건축가 • 요리경연대회(금상) • 미술 교과 창작물 발상력 갖춤 • 민주시민 프로젝트 • 1인2기 : 아크릴화, 캘리그라피 등
		1	3	1	2	4	

수상			자격인증	독서	봉사	동아리			R&E (소논문)	자치	
교과	비교과	계				CA	심화	자율		학급	학교
27	6	33	1	22	66	• 수학 (1~3)	• 수학 2개(1) • 수학(2) • 수학(3)	• 수학(2) • 멘토링(3)	• 웹툰 사이트별 유료 웹툰에 대한 소비 경향 분석 • 경제 시사 보고서	1	–

no	학교명	모집단위	전형구분	전형명	세부 전형 방법	최저학력기준 충족 기준	최저학력기준 충족 여부	최종 결과
1	연세대	건축공학	종합	학교활동우수자	(단계) ① 서류 100(2.5배수) ② 서류 70+면접 30	국·수·영·탐2 2개 합 4 (수·탐 필수)	X	1단계 합격
2	연세대	건축공학	종합	과학공학인재전형	(단계) ① 서류 100(4배수) ② 서류 70+면접 30	X	–	합격
3	고려대	건축학	종합	융합형인재전형	(단계) ① 서류 100(3배수) ② 서류 70+면접 30	국·수·영·탐2 2개 합 5 (수·탐 필수)	X	1단계 합격
4	가천대	한의예	교과	학생부우수자전형	(일괄)교과 100	국·수·영·탐2 2개 합 2	○	합격

　적절한 내신 성적과 건축에 필요한 창의성을 바탕으로 수학, 과학 과목의 우수성을 강조했다. 인문 계열과 관련 있는 소논문 활동으로 융합을 나타냈고 1인2기를 통해 예술성을 강조하며 건축학과에 합격했다.

| 2 | 사례 2(B학생)

내신		모의고사(수능)					학생의 특징
		백분위(등급)					
전 교과	주요 교과	국	수 (가)	영	과탐		교과 영역(활동 포함)·비교과 영역
					제1 선택	제2 선택	
1.72	1.58	88	99	87	98	91	• 수학 교과 관련 수상(10회) • 과학 교과 관련 수상(4회) • 과학탐구 선택 : 물리 I , 화학 II • 진로 : 농업생화학 연구원 → 핵공학 자 → 조선공학 기술자 • <u>스스로 학습실천상(1~3학년)</u> • 민주시민 프로젝트 • 1인2기 : 수영, 우쿨렐레
		3	1	3	1	2	

수상			자 격 인 증	독 서	봉 사	동아리			R&E (소논문)	자치	
교 과	비 교 과	계				CA	심화	자율		학 급	학 교
20	9	29	–	25	67	• 수학 (1~3)	• 공통과학(1) • 화학(2) • 수학(3)	• 봉사(1)	• 경제 시사 보고서	3	–

no	학교명	모집 단위	전형 구분	전형명	세부 전형 방법	최저학력기준		최종 결과
						충족 기준	충족 여부	
1	서울대	일반전형	종합	조선해양 공학과	(단계) ① 서류 100(3배수) ② 서류 50+면접 50	X	–	합 격
2	연세대	학교활동 우수자	종합	기계 공학부	(단계) ① 서류 100(2.5배수) ② 서류 70+면접 30	국·수·영·탐2 2개 합 4 (수·탐 필수)	○	1 단 계 불 합 격

3	고려대	일반전형	논술	전기전자 공학부	(일괄) 학생부 40+논술 60	국·수·영·탐2 (한 4) 2등급 2개 (수·탐 필수)	○	불합격
4	고려대	융합형 인재전형	종합	기계 공학부	(단계) ① 서류 100(3배수) ② 서류 70+면접 30	국·수·영·탐2 2개 합 5 (수·탐 필수)	○	1 단 계 불 합 격

　　수학, 과학 관련 교과 성적이 매우 우수한 학생으로 특히 수학 성적이 이과에서 상위 1%이다. 선행 학습과 학원 학습에 대한 맹신보다는 꾸준한 자기주도력, 리더십 등의 중요성을 강조했다. 특히 서울대 면접의 수학 문제 풀이에 강한 자신감이 있었다.

| 3 | 사례 3(C학생)

내신		모의고사(수능)					학생의 특징
		백분위(등급)					
전 교과	주요 교과	국	수 (가)	영	과탐		교과 영역(활동 포함)·비교과 영역
					제1 선택	제2 선택	
2.01	1.99	78 3	89 2	92 2	95 1	92 2	• 수학 교과 관련 수상(7회) • 독서 관련 수상(3회) • 1~2학년 주요 교과 2.23 → 3학년 1학기 주요 교과 1.50 • 과학탐구 선택 : 생명과학, 지구과학 • 진로 : 정보보안 전문가 → 수학 교수 • 스스로 학습실천상(1~3학년) • 수학 및 과학 분야의 독서량 풍부 • 선플 달기 및 교내 봉사 활동 • 민주시민 프로젝트 • 1인2기 : 수영, 피아노, 아크릴화

수상			자격인증	독서	봉사	동아리			R&E (소논문)	자치	
교과	비교과	계				CA	심화	자율		학급	학교
21	10	31	–	40	97	• 수학 (1~3)	• 통계(2) • 수학(3)	• 봉사(1)	• 몬티홀 딜레마 : 도박에서 질 수밖에 없는 이유 • 마방진 심화 연구 • 경제 시사 보고서	–	–

no	학교명	모집 단위	전형 구분	전형명	세부 전형 방법	최저학력기준		최종 결과
						충족 기준	충족 여부	
1	성균관대	글로벌 인재전형	종합	전공예약 –수학교육학과	(일괄) 서류 100	X	–	불합격
2	중앙대	다빈치형 인재	종합	수학과	(단계) ① 서류 100(3배수) ② 서류 70+면접 30	X	–	1 단계 불합격
3	경희대	고교대학 연계전형	종합	수학과	(일괄) 교과 60+서류 40	X	–	합격

내신 성적이 2학년 1학기 때까지 2점대 중반을 유지했으나 3학년 1학기 최종 1점대를 만듦으로써 잠재력과 발전 가능성을 보여주었다. 꾸준한 수학 관련 활동으로 관심 분야에 대해 일관성을 보여주어 수학과에 합격했다.

내신		모의고사(수능)					학생의 특징	
		백분위(등급)						
전교과	주요교과	국	수(가)	영	과탐		교과 영역(활동 포함)·비교과 영역	
					제1선택	제2선택		
2.50	2.13	87	53	82	87	66	• 수학 교과 관련 수상(4회) • 과학 교과 관련 수상(1회) • 각종 교과 관련 포스터 대회에서 수상(언어순화, 화재예방, 독서만화, 학생인권 등) • 과학탐구 선택 : 생명과학, 지구과학 • 진로 : 건축가 • 1인2기 : 펠트 공예, 아크릴화, 일러스트레이션	
		3	5	3	3	4		

수상			자격인증	독서	봉사	동아리			R&E (소논문)	자치	
교과	비교과	계				CA	심화	자율		학급	학교
23	7	30	–	11	56	• 과학 (1~3)	• 수학(1)	–	• 프랙탈 기원과 원리, 종류 조사 보고서 • 경제 시사 보고서	–	–

no	학교명	모집 단위	전형 구분	전형명	세부 전형 방법	최저학력기준		최종 결과
						충족 기준	충족 여부	
1	성균관대	논술우수 전형	논술	건축학 (5년제)	(일괄) 학생부 40+논술 60	국·수· 영·탐2 3개 합 6 (한 4)	X	불합격
2	성균관대	글로벌 인재전형	종합	전공예약 – 건축학 (5년제)	(일괄)서류 100	X	–	추가 합격

3	중앙대	다빈치형 인재	종합	건축학 (5년제)	(단계) ① 서류 100(3배수) ② 서류 70+면접 30	X	–	1단계 불합 격

수학, 과학 관련 교과상 이외에 다방면에 걸친 수상으로 입체적 사고력을 강조했다. 진로와 1인2기를 통해 미술 방면의 소질과 예술성을 건축의 기본 소양으로 보여주어 합격했다.

| 5 | 사례 5(E학생)

내신		모의고사(수능)					학생의 특징
		백분위(등급)					
전 교과	주요 교과	국	수 (가)	영	과탐 제1 선택	과탐 제2 선택	교과 영역(활동 포함)·비교과 영역
2.34	2.41	90 2	74 4	80 3	60 4	58 4	• 인문 교과 관련 수상(7회) • 수학 교과 관련 수상(1회) • 과학탐구 선택 : 화학, 생명과학 • 진로 : 경영 컨설턴트 → 의약품 개발 　연구원 → CEO • 민주시민 프로젝트

수상			자격 인증	독 서	봉 사	동아리			R&E (소논문)	자치	
교과	비교과	계				CA	심화	자율		학급	학교
16	7	23	–	27	72	• 수학 (1~3)	• 수학(2) • 화학 (2~3)	• 멘토링 (3)	• 통계를 활용한 실 　내화 디자인 • 경제 시사 보고서	–	–

no	학교명	모집 단위	전형 구분	전형명	세부 전형 방법	최저학력기준 충족 기준	최저학력기준 충족 여부	최종 결과
1	한양대	학생부 종합(일반)	종합	경영학부 (자연)	(일괄)학생부 100	X	−	합격
2	이화여대	논술 전형	논술	컴퓨터공학	(일괄) 교과 30+논술 70	국·수· 영·탐2 2개 합 4	X	불합격
3	건국대	KU자기추천 전형	종합	산업공학	(단계) ① 서류 100(3배수) ② 면접 100	X	−	1단계 합격

이과인데도 인문 교과 관련 수상을 7회나 할 정도로 융합적인 성향이 강하다. 토론 활동과 경제 방면의 보고서 작성 등을 통해 종합적인 사고가 가능하다는 점을 보여주어 경영학부에 합격했다.

| 6 | 사례 6(F학생)

내신 전 교과	내신 주요 교과	모의고사(수능) 백분위(등급) 국	모의고사(수능) 백분위(등급) 수 (가)	모의고사(수능) 백분위(등급) 영	모의고사(수능) 백분위(등급) 과탐 제1 선택	모의고사(수능) 백분위(등급) 과탐 제2 선택	학생의 특징 교과 영역(활동 포함) · 비교과 영역
3.04	3.01	57	79	62	83	63	• 과학 교과 수상(13회) • 인문 교과 수상(7회) • 과학탐구 선택 : 물리, 지구과학 • 진로 : 정보보안 전문가 • 선플 달기 봉사 → 인터넷의 정보보안 취약점 언론에 제보, 기사화 • 1인2기 : 서예, 농구
		5	3	4	3	4	

수상			자격인증	독서	봉사	동아리			R&E (소논문)	자치	
교과	비교과	계				CA	심화	자율		학급	학교
28	9	37	–	15	124	• 수학(1~3)	• 수학(1) • 정보사회(2) • 물리(2)	• 발명(2~3)	• 바닥재에 가해지는 외부충격으로 인한 소음을 감소하기 위한 연구 • 용량의 추가가 가능한 보조 배터리 • 버튼을 누르면 책이 나오는 책꽂이 • 콘센트 및 USB 충전 장치 추가 가능한 멀티탭	–	–

no	학교명	모집 단위	전형 구분	전형명	세부 전형 방법	최저학력기준		최종 결과
						충족 기준	충족 여부	
1	중앙대	탐구형 인재	종합	컴퓨터 공학	(일괄)서류 100	X	–	불합격
2	서울 시립대	논술 전형	논술	전자전기컴퓨터공학부	(단계) ① 논술 100(4배수) ② 교과 40+논술 60	X	–	1단계 불합격
3	건국대	KU학교 추천	종합	컴퓨터 공학	(일괄) 교과 60+서류 40	X	–	추가 합격

발명 동아리를 통해 다수의 소논문을 썼으며 3개의 특허권을 획득했다. 주도적으로 선플 달기 봉사 활동을 시작하여 스스로 문제의식을 느끼고 언론사에 제보해 기사로 실릴 만큼 문제 해결력이 있다는 것을 보여주었다.

일반고 선생님의 꿀팁

현장에서 학생들을 지도하면서 느낀 점을 중심으로 썼
다. 고개를 끄덕이면서 읽을 정도로 일반적인 내용부터
학습에 관한 세부적이고 유용한 팁(Tip)들도 있으므로
교사들의 이런 당부 글은 수험 생활에 큰 도움이 될 것
이다. 주관적인 것으로 자신과 맞지 않는다고 생각할 수
있지만, 부담 없이 편하게 읽으면서 여유 있게 자신의
상황을 되돌아보는 계기가 되기를 바란다.

학교생활기록부(학생부)를 보고 슬퍼하거나 노하지 말라

종합전형을 지원하는 학생들을 보면 학생부 내용의 상대적인 빈약함에 스스로를 격하하는 모습을 볼 수 있다. 교내 경시대회 수상을 하지 못했더라도 자기소개서에 노력이나 열정을 보여주면 되는 것이고, 선택 인원이 적어 전공 관련 과목의 시험 등급이 낮더라도 도전 정신 및 발전 가능성을 보여줄 수 있다. 단지 반장 경력이 많다고 해서 리더십이 있는 것은 아니며, 봉사 시간이 많다고 해서 인성 및 배려심에서 좋은 점수를 얻는 것도 아니다. 정성평가는 과정과 의미와 맥락에 초점을 두므로 생활기록부 내용을 살펴보면서 방법을 모색해야 한다. 없는 결과물만을 가지고 자괴감에 빠지기 않기를 바란다.

어렵지만 학생부(종합)전형을 염두에 두자

다양한 전형들을 생각해 봐야 하며 내신과 모의고사 점수대를 저울질하면서 수시 모집과 정시 모집 중 어느 한쪽만을 고집하지 말아야 한다. 수시 기회는 6회이다. 일찍부터 준비하지 않았더라도 학교생활기록부를 꼼꼼히 살펴보고 유리한 전형을 찾아야 한다. 실제로 서울 지역 대학의 선발 인원이 많이 늘어난 전형은 학생부(종합)전형이다. 학생부(종합)전형을 준비하는 경우 1학년 때부터 관리하는 것이 좋지만 조금 늦었더라도 틈틈이 스토리를 구성해 보아야 한다. 너무 많은 전형을 섞는 것도 문제지만 자신을 객관적으로 분석하여 적극적으로 도전해야 합격 가능성을 높일 수 있다.

수업 시간이 가장 중요하다

생활기록부를 확인한 학생들은 서로의 활동 내역을 확인하며 몇 장인지를 비교하기 일쑤다. 장수가 많으면 왠지 우월감이 드는 것은 어찌보면 당연한 심리인지도 모른다. 하지만 학교에서 행해지는 모든 활동중 가장 핵심은 수업이다. 수업을 통해 교사와 학생이 만나고 여러 일들을 함께 겪으며 서로 성장해 간다. 따라서 학생이 해당 수업 시간에 이루어지는 모든 과제나 학습 과정에 성실히 임하고 관련 질문이 오고 갔다면 그 시간만큼 학교 생활에 성실했다는 증거가 없다. 이 과정에서 모든 요소들이 나타나는 것이 학생의 모습이다. 따라서 수업 자체만으로어떤 활동보다 값진 정성평가 요소가 될 수 있다고 확신한다.

성적이 오르지 않는다고 낙담하지 마라

학생들은 필요한 공부의 양이 어느 정도인지 모르면서 열심히 했는데도 성적이 오르지 않는다고 불만을 토로한다. 항상 3등급만 나오는 학생들은 2등급 학생들을, 2등급이 나오는 학생들은 1등급 학생들을 부러워한다. 흔들림 없이 거의 매번 그 등급을 유지하고 있다면 그것은 이미 그 등급에 해당하는 공부량을 소화하고 있다는 뜻이다. 공부량은 학생마다 다르다.

성적은 계단식으로 상승하는데 일정 시간 동안 정해진 공부량이 빼곡히 채워져야 오른다는 것이다. 즉, 해당 등급마다 공부량을 달성해야 다음 단계로 올라갈 수 있다. 오늘도 성적은 제자리걸음인 것 같지만 하루하루를 잘 견뎌보자. 언젠가 막판 왕을 깨는 순간이 반드시 올 것이다.

수능 100일 앞두고 무너지지 말자

3학년 2학기가 시작되면 수시 원서를 접수함과 동시에 수시 대비로 분주해진다. 30 : 1, 40 : 1에 육박하는 경쟁률 속에 논술고사와 적성고사를 치러야 하며 학생부(종합)전형에 대비해 최종 서류들도 검토해 봐야 한다. 그런데 9월 모의평가마저 끝나면 대학이 정해진 듯 오히려 학습에 대한 열정이 사그라드는데 이때 정신을 차려야 한다. 가장 선호하는 문제집 1~2권만 추려 정독해야 하며 수능 및 모의고사 관련 오답을 정리한 노트가 있다면 여러 번 되풀이해서 보아야 한다. 문제집에서 틀렸던 문제들만 모아서 다시 풀어보고, 나만의 정리 노트를 외울 정도가 되어야 한다. 또한 기본에 충실하기 위해 교과서를 다시 읽어보는 것도 좋은 방법이다. EBS와 연계율도 생각하면서 학습에 임해야 한다. 2학기는 그동안 공부했던 것을 끊임없이 반복하는 시기이다. 수시에서 최저학력기준을 충족하고 좋은 수능 점수를 얻기 위해 끝까지 긴장을 늦추지 않아야 한다.

가장 자연스러운 모습이 이상적인 인재상이다

생활기록부가 학생부(종합)전형만을 목적으로 지나치게 의도적으로 작성되고 있는 것은 아닌지 안타까울 때가 있다. 고등학교에서는 기본적으로 공부를 게을리해서는 안 된다. 또한 친구들과 다채로운 활동을 하는 가운데 질서와 규범의 중요성을 깨달으며 사회성을 길러나가는 시기이다. 여기에서 발생하는 여러 가지 일들을 통해 지적으로나 인격적으로 성숙한 인간이 될 수 있는 능력을 함양하게 될 것이며, 이러한 모든 일들을 기록하는 자료가 바로 생활기록부이다. 학교 안에서 여러 활동에 참여하다 보면 대학뿐만 아니라 사회에서 바라는 인재상으로 자연스럽게 자라날 수 있을 것이다.

처음부터 100점을 올릴 수는 없다(수준을 직시하자)

모든 학생의 학업 수준이 동일하지 않기 때문에 처음부터 모두가 100점을 받을 수는 없다. 단계별로 필요한 노력이 저마다 다르므로 자신의 학업 수준을 솔직하고 냉정하게 직시할 줄 알아야 한다. 1등급을 올리는 학생과 3등급을 올리는 학생의 공부량과 질, 학습 시간이 다르다. 가령 국어의 경우 하위권 학생은 독서 영역 지문의 독해력부터 키워야 하고, 중위권 학생은 문학과 독서 지문을 집중적으로 공부해야 하며, 상위권 학생은 문법을 놓쳐서는 안 된다. 다른 과목도 마찬가지이다. 기본을 아직 완전히 익히지 않은 상태에서 수능 특강 및 완성 문제집만을 풀면서 성적 향상을 기대하는 것은 시간 낭비일 뿐이다. 자신의 수준을 부끄럽게 생각하지 말고 당당하게 인정하고 선생님이나 친구들과 공유하면서 나만의 공부법을 찾아가자.

학원에 다닌다고 해서 공부를 했다고 할 수 없다

공부를 열심히 하는데 성적이 오르지 않는다는 학생들을 보면 단지 학원을 다니고 있을 뿐이다. 학원 선생님의 강의 내용을 듣고 문제 풀이를 보면서 완전히 이해하고 있다는 착각에 빠지는 것이다. 그곳에서는 자율성이 없기 때문에 공부했다고 할 수 없다. 진정한 공부는 그 후에 이루어진다. 집에 와서 암기할 부분을 다시 확인하고 문제는 반드시 다시 풀어보아야 한다. 같은 문제라도 학원에서 풀어본 것과 다를 수 있으며 모르는 부분을 알게 되므로 질문할 거리가 생긴다. 또 여러 방면으로 궁리하는 동안 깊이 있게 배움으로써 기본 개념을 탄탄하게 익힐 수 있다. 이러한 과정을 통해 응용력을 길러서 시험문제를 맞힐 수 있는 것이다. 스스로 치열하게 고민하는 것이 공부의 핵심라는 점을 잊지 말아야 한다.

자투리 시간을 활용하라

학생들은 쉬는 시간에 바쁘다. 하지만 이 바쁜 시간을 조금만 학습에 투자한다면 나중에 무시할 수 없는 시간이 쌓이게 된다. 아침에 등교하면서 쉬는 시간과 점심시간에 해야 할 것들을 미리 생각해 보는 계획성이 필요하다. 무엇을 해야 할지 모르겠다면 직전 수업 시간에 배웠던 내용을 다시 한번 훑어보고 완성도를 높일 수 있다. 이렇게 하면 단기기억을 장기기억으로 바꿔주어 시험 공부에 아주 요긴하다. 또한 소음에 방해받지 않을 정도의 가벼운 학습을 권유한다. 영어 단어 암기나 비교적 어렵지 않은 국어 지문 독해 풀이, 수학 문제 풀이 등이 좋다. 쉬는 시간에 공부하는 것을 어색해하지 말고 상위권 학생들의 행동 패턴을 따라해 보자.

전체적인 계획에 맞춰 큰 그림을 그려라

공부는 시간과 분량의 싸움이다. 1학년 때는 기초 개념을 잡기 위해 기본을 다지는 작업이 필요하다. 2학년부터는 본격적으로 수능을 염두에 두어야 하기 때문에 1년 단위의 큰 계획을 가지고 실천하는 것이 좋다. 특히 수능에 대비해 문제 푸는 속도를 조절하면서 실수에 대비해야 하며, 탐구 과목과 한국사까지 두루 섭렵해야 하기 때문에 시간이 빠듯하다. 3학년은 수시 지원으로 빼앗기는 시간이 많기 때문에 문제집으로 반복적인 응용력을 쌓으면서 성적을 유지하기 위한 노력이 필요하다. 이렇게 큰 계획을 세워 공부하면 전체적인 공부량을 대충 가늠할 수 있기 때문에 긴장감과 집중력 향상에 도움이 되며, 좋아하는 과목만을 공부하는 '편식 학습의 오류'에서 벗어날 수 있다. 책상 앞에 앉아 한숨만 쉬지 말고 연 단위, 월 단위 계획 내에서 방황하지 않는 자제력을 길러보자.

통제는 어쩔 수 없는 필요악이다

학생들은 학교에 오래 있기를 싫어한다. 그럴 만도 하지만 학교를 나가는 순간 시간은 빨리 흐른다. 이에 비해 학교에서는 석식 후 6시부터 야간 자율 학습이 시작된다. 즉, 이때부터 책상 앞에 앉아 있는 것이다. 잠깐 졸더라도 선생님이나 친구들로 인해 깰 수 있다. 야간 자율 학습의 장점을 활용해 미리 공부할 것들을 전날 밤에 정해 놓아야 한다. 긴장감을 유지하기 위해 조금 많은 양을 계획하는 편이 좋다. 또는 평소에 조금 어렵게 느꼈던 부분에 도전해 보면서, 의외의 학습 효과를 볼 수도 있다. 통계상으로 야간 자율 학습을 열심히 한 학생이 잘된다는 것은 선생님들 사이에서 공공연한 진리로 통한다. 학원 수업이나 과외가 없는 날은 무조건 남아서 공부하자.

문제 풀이가 끝난 후 바로 책을 덮지 마라

그날의 공부는 단원에서 어느 한 부분에 해당할 가능성이 많다. 즉, 전체를 보지 않았다는 말이다. 집중적으로 학습한 부분에서 벗어나 전체를 한번 훑어볼 것을 권한다. 상위권 학생들에게 많이 나타나는 문제점인데 깊이 있는 내용까지 탐구하고 어려운 문제를 만족스럽게 풀고 나면 바로 책을 덮는다. 방금 공부한 내용을 충분히 익히기는 했지만 전체 학습을 망각한 것이다. 이런 학생들은 개념 이해를 소홀히 함으로써 사소한 부분에서 배워야 할 것들을 누락하고, 기본적인 문제를 틀리는 경우가 많다. 정신을 차리고 교과서를 다시 한번 보면서 기본 개념들을 상기해야 한다. 어려운 문제 풀이 학습과 더불어 상승효과를 발휘해 비로소 폭넓은 학습이 완성될 수 있다.

가장 좋은 해답지는 교과서이다

이과 학생들은 거의 모든 시간을 수학 문제 풀이에 할애한다. 하지만 열심히 문제를 풀어보는데도 점수가 나오지 않는다면 무엇이 문제일까? 자신의 능력보다 높은 수준의 문제를 풀고 있거나, 혹은 단편적으로 문제 풀이만 할 뿐 근본적인 학습이 이루어지지 않았기 때문이다. 답이 틀렸다면 정답을 보기 전에 해당 단원의 교과서를 다시 보아야 한다. 교과서를 계속 공부하다 보면 기본 개념이 잡히고, 문제가 구성되는 틀이 보이기 시작한다. 교과서를 외울 정도가 되어야 한다. 개념이 보이면 쉬운 문제부터 적용하는 방법을 하나씩 이해할 수 있고, 어려운 문제들도 여러 개념들이 체계적으로 결합되어 있는 원리를 알게 될 것이다. 4점짜리 문제도 결국은 교과서에 나오는 기본 내용과 2점짜리 문제들이 복합된 형태이기 때문이다. 어떤 과목이든 요행은 없다. 모든 과목에서 교과서를 통찰할 수 있는 안목을 키워보자. 기본이 가장 큰 실력이다.

수능에서 한 과목의 1등급은 파워가 있다.

국어·수학·영어·탐구 중 조금이라도 해볼 만한 과목이 있다면 집중 공략하여 무조건 높은 등급을 얻는 전략을 써야 한다. 예를 들어 영어와 수학이 취약한 3학년 인문계 중하위권의 경우 비교적 쉽게 접근할 수 있는 국어와 탐구에 집중한다면 효과를 볼 수 있다. 같은 수준의 학생들과 경쟁하므로 의외로 점수가 대폭 상승할 수 있으며, 지방 4년

제든 전문대든 좋은 대학부터 상담할 수 있다. 또한 수시에서 중상위권 대학의 수능 최저학력기준을 맞춰야 할 때 1과목의 1등급은 도피처와 같으므로 입시를 수월하게 풀어나갈 수 있는 좋은 무기가 된다. 한 과목이라도 높은 등급을 받으면 입시 준비 과정에서 성취감을 맛볼 수 있으므로 한번 도전해 보자.

독서는 컨트롤타워 역할을 한다

요즘 고등학생들은 줄임말이나 감탄사, 표정 등을 활용한 기발한 표현들로 대화한다. 그 번뜩이는 재기발랄함에 감탄하기도 하지만 대입에서는 논술을 써야 하고 자기소개서를 작성해야 하며 면접에서 소신 있게 의사 표현을 해야 한다. 독서를 하면 말하기와 쓰기에서 활용 가능한 상식과 소재를 많이 얻게 되고, 다각적인 사고를 하는 데도 도움이 되므로 다른 사람과 차별화된 생각을 말할 수 있다. 또한 책에서 얻은 배경지식을 통해 국어 과목의 비문학, 탐구 과목에 대한 이해력과 적용력을 높일 뿐 아니라, 글쓴이의 의도를 맥락에 따라 파악하는 논리력은 수학적 사고력과도 관련된다는 점에서 매우 중요하다. 독서는 모든 과목의 학습력 및 대학별 고사를 받치고 있는 사고의 샘이다. 책을 읽는 것은 의무가 아닌 습관이 되어야 한다.

교과서도 책이다

책을 읽는 초기 단계에서는 어떤 목적의식 없이 그저 읽는 것을 즐기려는 노력이 중요하다. 읽다 보면 즐거움을 경험할 수 있기 때문이다. 감동이나 안타까움 같은 감정을 느껴보는 것도 좋고, 새로운 지식을 발견하는 것도 좋다. 혼자 읽기가 지루하다면 동아리 형식의 북클럽을 만들어보는 것은 어떨까. 책을 읽은 소감을 서로 이야기하면서 가볍게 토론해 보면 독서의 효과가 배가되고 사고력도 향상되므로 모든 교과의 학습에 큰 도움이 된다. 교과서도 같은 맥락으로 학습해 보자. 스터디를 활용해도 좋다. 시험을 준비하는 것이 아니라 책을 분석하듯이 정리해 보자. 보통 책을 읽듯이 교과서를 여러 번 읽어보자. 그러다 보면 거부감이 없어지고 오히려 새롭게 느껴질 수 있다.

수학을 질질 끌고 가라(인문계)

인문계 학생이라면 누구나 '수학만 포기하면'이라는 상상을 할 만큼 부담감이 큰 과목이다. 하지만 바꿔 생각하면 수학에서 좋은 점수를 받았을 경우 그만큼 이점이 크다는 뜻이기도 하다. 수시의 경우 3~4등급 학생들이 흔히 지원하는 적성고사전형에서 수학을 잘할수록 합격 가능성이 높고, 정시에서도 표준점수가 높아 고득점을 맞으면 유리하다. 수업 시간에 성실히 공부해서 교과서 유제, 예제 문제를 풀 수 있을 만큼만 유지하자. 난이도가 높은 확인 학습 문제는 선택적으로 접근하면 된다. 2018년부터는 영어 과목이 절대평가제로 시행된다. 이로 인해 국어, 수학, 탐구 과목의 영향력이 더 커질 것으로 예상된다. 버리기에는 너무나 무거운 패인 것이다.

수학 학원 개수에 연연하지 마라 (자연계)

각자의 수준은 저마다 다르다. 상위권은 초등학교 때부터 수학에 소질을 보이며 꾸준히 공부해 왔기 때문에 수학을 자신 있는 과목으로 뽑는다. 이런 학생들은 어려운 부분을 스스로 잘 파악하여 그에 맞은 학원을 선택해서 성적을 유지하거나 향상한다. 이에 비해 대다수 이과 학생들은 갑자기 어려워진 수학에 적응하느라 학원을 다니고 과외를 하며 발버둥치지만 맞춤형 학원은커녕 초고속 진도를 따라잡기도 버겁다. 선행 학습을 했다 하더라도 마찬가지다. 차라리 학원을 줄이고 학교 수업에서 교과서를 충실히 공부하고 나머지 부분은 수준에 맞는 문제집들을 풀면서 학습 내용을 제대로 익히는 것이 중요하다. 이 과정을 무한 반복하자. 진정한 실력 향상은 해답을 보지 않고 풀 수 있는 문제량에 달려 있다.

탐구 과목은 꽤 성가시다

특히 자연계의 경우 탐구 과목은 수학에 준하는 위상을 가지는 만큼 선행 학습의 중요성이 높아지고 있다. 개념 트리를 활용해 내용 정리 노트를 만들거나 모의고사 이후 오답 노트를 만들어두면 도움이 된다. 사회탐구의 경우 선택 및 학습은 2학년 때 끝내는 것이 좋지만 학교 교육과정으로 여의치 않을 때는 1과목만 완벽하게 끝내고 3학년 내신을 준비하면서 다른 과목을 끝내는 것도 방법이다. 과학탐구는 난이도와 분량이 사회탐구와 다르기 때문에 2학년 때 적어도 선택 교과의 개념 정리까지 마쳐야 한다. 엄청난 분량의 문제 풀이를 할 시간이 필요하기 때문이다. 탐구 과목은 개념 이해와 심화 학습, 문제 풀이가 결합된 과목이므로 신경을 쓰지 않으면 끝까지 걸리적거리는 복병 같은 존재이다.

탐구는 전략적으로 접근하자

고3 때 탐구 과목을 시작한 학생들은 성적의 시소 타기를 지속하다가 결국 입시에 실패하기 일쑤이다. 수능에서 적지 않은 비중을 차지하는데도 학습량에서 국·수·영에 밀려 소홀하게 되고, 예전처럼 학생들이 몰리는 쪽으로 선택하는 것이 바람직한지도 의문이다. 중하위권의 경우 그대로 따라가도 별 무리 없지만 상위권은 한 번 더 생각해 봐야 한다. 표준점수도 고려해야 하기 때문에 2과목 중 1과목은 보편적인 과목을, 다른 1과목은 어려운 과목에 관심을 가져봐야 한다. 과학고등학교와 외국어고등학교 학생들과 경쟁할 만한 과목이 있다면 한번 도전해 보자. 험한 길을 올라가야 남들이 볼 수 없는 절경을 누릴 수 있다.

탐구 과목의 순위

2017학년도 수능 기준으로 인문 계열 학생들은 생활과 윤리, 사회문화, 한국지리, 세계지리, 윤리와 사상, 동아시아사, 법과 정치, 세계사, 경제 순으로 선택했고, 자연 계열 학생들은 생명과학, 지구과학, 화학, 물리 순으로 선택했다.

수학 과목에서 실수는 고치기 어렵다

수능이 시간과의 싸움이 되면서 여러 가지 단점들이 부각되고 있는데 그중 하나는 빈번한 실수이다. 특히 상위권은 문제 하나가 한 등급의 등락을 좌우하는데 수학 과목에서 매번 어이없는 사소한 실수로 땅을 치는 학생들이 많다. 중간 난이도 문제집을 선택해 차근차근 풀어보자. 이때 암산으로 생략될 수 있는 풀이 과정까지 모두 적어야 하며 연습장을 반으로 접어 꼼꼼히 메워나가야 한다. 학습의 목적이 문제량이 아니라 정답률을 높이는 것이라는 점을 명심해야 한다. 시험 공부를 어느 정도 끝낸 다음에는 확인 학습 문제 수가 많은 문제집을 고르는 것이 적당하다. 실수도 실력이다. 마지막 단계에서는 많은 양의 문제 풀이 연습을 통해 매번 겪는 억울한 실수에서 벗어나자.

과학은 따로가 아닌 같이

2학년 이과의 과학 과목은 1학년 과정의 연계이자 심화 학습이다. 공부할 양은 더욱 늘어나고 한번 놓치면 따라가기 어렵다. 일주일에 8

시간 정도 물리·화학·생물·지구과학(물화생지)을 따로 공부하지만 진정한 과학적 사고력이란 4과목의 배경지식을 연결해 통합적 지식으로 길러내는 것이다. 한 과목만으로는 다양한 과학적 현상들을 규명할 수 없으므로 여러 분야들을 서로 연관 지어 이해할 때 비로소 통찰력이 생긴다. 예를 들어 인체에 대해 공부할 경우 생물만으로 부족하며 화학 과목의 도움이 필요하다. 양자역학을 배울 경우에도 물리와 화학으로 완성도를 높일 수 있다. 깊이 있는 공부를 통해 통합적 사고력의 재미를 느껴보자. 진정한 이과생으로 거듭날 수 있다.

이과 과목은 녹녹한 것이 없다

수학은 특화된 과목이다. 수학을 잘하는 학생들은 어릴 때부터 이런 성향을 북돋우기 때문에 그 재능이 배가된다. 고등학생이 되면 거리낌 없이 이과를 선택하고 성적 또한 상위권을 유지한다. 이에 비해 '이과가 취업이 잘된다더라'는 말만 믿고 이과를 선택한 학생들은 4~5등급 정도의 중하위권을 유지하다가 결국 전문대에 지원하는 경우가 많다. 문과의 중하위권 학생들은 막판에 그나마 국어와 사회탐구 과목에 치중할 여지라도 있지만 이과의 경우 과학탐구 과목을 공부하기가 쉽지 않다. 수학에 견줄 만한 분량과 내용이기 때문이다. 자신의 능력이 어느 정도인지 알기 위해서라도 1학년 동안 열심히 공부해 봐야 한다. 그 과정에서 자신을 발견할 수 있고, 후회하지 않는 선택을 할 수 있다.

자신의 모든 것을 활용해 보자

한창 사춘기인 학생들이 자신과 집안에 대한 이야기를 담임교사에게 꺼내지 못하는 것은 어찌 보면 당연하다. 수시전형에는 사회적 약자를 배려하고 어려움에 처한 학생들을 구제하는 장치들이 있다. 일반적으로 이러한 전형들은 비교적 커트라인과 경쟁률이 낮은 편이다. 물론 성적이 어느 정도 뒷받침되어야 하지만 동일한 점수에 조건이 충족된다면 훨씬 유리한 고지를 점할 수 있다. 가끔 불가능한 점수대의 학생이 합격한 경우도 있다. 해당 학생이 상담에 임할 때는 이미 이런 전형이 있다는 것과 점수대를 대충 알고 있을 테니 담임교사에게 솔직히 이야기하고 같이 찾아보는 것이 좋다. 담임은 몇 년 동안 비슷한 사례를 경험했기 때문에 학생 본인만 마음먹으면 된다.

추천서는 학교 생활이 담겨야 한다

학생부(종합)전형을 준비하는 학생이라면 누구나 고민하는 것이 바로 추천서이다. 대학에서 거의 반영하지 않는다고는 하지만 은근히 걱정되는 부분이다. 반드시 3학년 담임교사에게 받아야 하는 것은 아니다. 활동 내용 및 성적에 대한 노력이 기술될 수 있기 때문에 봉사 활동이나 동아리 활동을 같이 했던 선생님, 질문을 많이 해서 평소 내 존재를 잘 아는 과목 선생님, 비교적 성적이 우수한 과목의 선생님, 평소 친분이 있는 선생님 등 자신을 잘 아는 교사가 좋다. 추천서에는 자신의 평소 생활이 구체적으로 묘사되어야 한다. 여러 방면으로 활동하면서 인간관계의 폭을 넓혀보자. 도움을 줄 수 있는 분들이 학교 안에 많이 있다.

지원 증거로 전설만을 믿지 마라

'수시 대박', '수능 대박', 자주 들리는 것을 보면 근거 없는 말은 아닌 모양이다. 하지만 이런 대박에도 나름의 이유가 있다. 모든 경우의 수를 살펴보았으나 예상을 벗어난 부분이 해당 학생에게만 적용되었다거나, 대학별 고사나 수능 문제가 그 학생에게 유독 쉬웠는지도 모른다. 한마디로 '행운'이라는 것 외에 달리 표현할 말이 없다. 그런데 일부 학생들이 그 결과만을 주장하며 원서 쓰기를 고집한다. 그 전에 전설의 활용 여부를 분석해 보고 나의 경우를 대입해 보자. 이번 해에도 적용 가능한 분석 결과가 도출되고 그 결과가 나에게 유리하게 작용한다면 설득력이 있다. 하지만 불가능하다면 일반적인 데이터에 충실하자. 그리고 공부하자. 빼앗긴 시간을 빨리 메워야 한다.

친구는 도움을 줄 수 있어야 한다

요즘은 끼리끼리 어울리는 경향이 강해 편 가르기가 보편적으로 일어난다. 작은 불씨가 퍼지면서 쓸데없는 감정 소비를 하게 되고, 그것이 성적에도 영향을 미친다. 사소한 감정까지 말로 내뱉으면서 싸움의 빌미를 만들지 말고 서로의 학습 계획을 챙겨주며 함께 윈윈(WIN-

WIN)할 수 있는 방법을 찾아보자. 서로의 성적에 맞춰 대입에 도움되는 전형을 찾아주거나, 공부법 및 인터넷 강의, 학원 정보들을 공유하자. 나만 알고 있겠다는 식의 이기적인 태도는 결국 시야를 좁게 만들 뿐 그다지 도움이 되지 못한다. 한 명만 알고 있는 정보보다 둘이 공유하는 정보가 낫다. 고등학교 생활을 끝까지 함께할 좋은 러닝메이트와 서로를 격려해 보자.

나와 남은 다르다

대입 상담을 할 때 의견이 맞지 않아 담임교사와 불편해지는 경우가 있다. 학생의 자신감도 있지만 대개 친구와 비교하는 데서 비롯된다. 비교하는 것은 우월감이나 열등감의 표출일 뿐 정작 대입에는 아무런 도움도 되지 못한다. 비슷한 성적이라 해도 대입에서는 그 외에 고려할 사항들이 많다. 과목별 내신 성적 변화, 학생부의 활동 기록도 살펴보고, 모의고사 성적 추이도 헤아려봐야 한다. 또한 성별이나 학생의 배짱이 두둑한지 등도 영향을 준다. 평소 담임교사만이 평가할 수 있는 글쓰기 능력이나 말솜씨, 생활 태도 등도 한몫할 수 있다. 나만의 맞춤옷을 찾아봐야 한다. 성적과 대학 이름만으로 귀가 솔깃하는 것은 대입을 너무 얕보는 태도이다.

편한 학원이 좋은 것만은 아니다

일반적으로 학원 수업은 학생 개개인에게 맞춰 진행되는 것이 아니기 때문에 한 단계 도약하기 위해서는 과감하게 옮기는 편이 낫다. 좋은 학원에 대한 정보를 들으면 직접 가보고 꼼꼼히 비교해 보고, 무엇보다 자신의 학업 수준과 얼마나 잘 맞는지 생각해 보자. 성적이 비슷한 친구가 다닌다고 해서 무조건 좋은 것은 아니다. 옮겨야 할 시기를 놓치면 장기적으로 성적이 정체될 수 있기 때문에 신중히 고려해야 한다. 학원의 상술로 인해 피해를 입고 있는 것인지도 모른다. 학원 선생님이 친숙하고 공간이 익숙하다는 이유에 가려진 학습의 본질을 재고해 봐야 한다. 학원은 성적 향상을 바라는 부모님과 본인들의 다급한 심정이 담긴 장소이므로 양날의 검이 될 수 있음을 명심해야 한다.

굳이 연애할 필요 없다

요즘 고등학생들은 이성 친구가 없으면 뭔가 뒤떨어지는 느낌이 드는 모양이다. 이성 친구를 사귀면서 힘든 시기를 함께 넘긴다는 로맨틱한 생각이 학생들을 강하게 유혹하고, 둘이 같이 다니는 모습을 보여줌으로써 은근히 우월감이 생긴다. 시험을 위해 이성 교제를 어느 정도 자제했다 하더라도 성적에 영향을 미치지 않을 수가 없다. 다른 학생보다 문자를 보내도 더 많이 보낼 것이고, 시선이 한 번은 더 머물 것이며, 놀러 갈 궁리도 더 많이 할 것이다. 예민한 학생이라면 이별로 인해 성적은 물론 학교 생활 전반이 흔들릴 수 있다. 담임을 하는 동안 여러 커플들을 봐왔지만 둘 다 대입에 성공한 예는 극히 드물다. 아쉽더라도 솔로 생활을 즐겨보자.

할 것이 없어야 공부에 집중한다

요즘 시대에 스트레스 해소 수단으로 스마트폰을 하는 것은 어찌 보면 당연하다. 스마트폰으로 하는 대화나 게임은 피곤한 고등학교 생활을 잠시나마 잊을 수 있는 도피처이다. 하지만 그만큼 공부 시간을 빼앗기게 되므로 손해가 따르게 마련이다. 대부분의 학교는 아침에 휴대폰을 수거한다. 온갖 핑계를 대면서 버티지 말고 학교 방침에 따르자. 인터넷과 게임을 멀리하겠다는 의지의 표현으로 2G폰으로 바꾸는 학생들도 있는데 공부를 하겠다는 점에서 긍정적인 변화이다. 수험 공부는 하루하루의 집합이다. 빼앗긴 시간들이 그다음 날 메워지리라는 보장이 없기 때문에 자칫 잘못하면 슬럼프로 이어질 수 있다. 성적 향상을 목표로 삼았다면 휴대폰을 집에 두고 올 수 있는 과감한 결단력이 필요하다.

음악은 맞춤형으로 선택하라

공부할 때는 가급적 음악을 듣지 않는 것이 좋다. 하지만 너무 조용해서 잠이 온다거나 잡다한 소음에 민감하다면 차라리 음악을 듣는 것이 집중하는 데 도움이 될 수도 있다. 이때는 다른 기능이 없는 단순한

MP3 플레이어를 사용함으로써 인터넷으로 텔레비전 프로그램을 시청할 여지를 완전히 차단해야 한다. 처음 듣는 음악이나 라디오 방송, 가요 등은 대화나 가사가 잘 들리기 때문에 그 소리에 더 신경 쓰게 된다. 잔잔한 클래식 음악이나 가사가 거슬리지 않는 조용한 음악을 듣는 것이 좋다. 공부에 집중하기 위해 음악을 듣는 것이지, 음악을 듣기 위한 것이 아니라는 점을 명심해야 한다.

원서 지원 시에는 정성을 다해라

지방의 이름 모를 대학이나 전문대에 진학할 거라고 해서 책상 위에 엎드리는 것은 스스로의 가치를 떨어뜨리는 행동이다. 자신의 위치에서 최선의 대학을 찾아보고 고민해 봐야 한다. 설령 재수를 할 생각까지 하더라도 담임교사와 함께 점수대에 맞는 대학을 찾는 과정을 거쳐야 한다. 3년간 노력의 결과물을 부정하는 마음가짐은 앞으로의 삶에도 아무런 도움이 되지 않는다. 이러한 과정에서 미처 생각하지 못했던 대학을 찾을 수도 있고, 어떤 과목의 점수를 몇 점 정도 올리면 가능할지도 알 수 있기 때문이다. 뒤늦게 찾아본 대학이 의외로 자신에게 잘 맞고 좋은 경우도 있다. 스스로를 존중하며 대입을 준비하면서 삶에 임하는 진지한 태도를 배울 수 있다.

외적인 콤플렉스는 실력으로 채워라

외모에 지나치게 신경 쓰는 고3 학생들이 있다. 다이어트를 위해 점심을 거르는가 하면, 여드름 하나 때문에 얼굴을 온통 하얗게 칠하고, 다른 사람보다 뚱뚱하다고, 키가 작다고, 얼굴이 못생겼다고 위축된다. 외모에 관심이 많은 나이이기는 하지만 지나치게 신경을 쓴 나머지 성적이 떨어지고 부모님의 눈에도 거슬리면 문제가 된다. 콤플렉스가 있다면 자신만의 아우라를 만들어보자. 성적, 운동, 미술, 음악 등 진로와 관련된 능력치로 표출해 보자. 열심히 연마하면 자신의 부족한 외모를 메우고도 남는다. 시작점은 솔직한 내 모습에 대한 자존감이다. 10대의 학생들은 그 모습만으로 자체발광이라는 사실을 알아야 한다.

엄마의 이야기 1

입시를 준비한 지난 3년간 부모로서 걱정스러운 마음뿐이었습니다. 내신과 모의고사가 반복되는 시험 스케줄과 교내 활동까지 참여하며 힘들어하는 아이에게 격려의 말을 꺼내기조차 조심스러웠습니다. 불안한 마음에 설명회를 듣기도 하고 여러 입시 정보를 수집해 봐도 방향이 잘 잡히지 않았고 오히려 혼란스럽기만 했습니다. 여기서 가장 중요한 부모의 역할은 객관적으로 아이의 현 상태를 파악하고 부족한 부분을 보완해 나가도록 도와주는 것입니다. 제 아이의 경우 수시와 정시 모두를 준비했는데 가능성이 더 큰 수시에 맞춰 자료를 수집하고 필요한 부분을 꼼꼼히 챙겼습니다. 고3 때는 직접 등 · 하교를 시키며 짧은 시간이지만 입시에 대한 것뿐만 아니라 여러 가지 얘기를 나누는 소중한 시간을 가졌습니다. 또한 학교의 입시전략부를 적극적으로 활용해 아이와 함께 상담도 하고 필요한 입시 정보를 얻어 많은 도움이 되었습니다.

아빠의 이야기 2

수능 시험 D-365일이 되는 순간 고3이라는 부담감을 아들과 가족이 동시에 가지기 시작했던 것이 엊그제 같은데 이렇게 지나간 경험담을 이야기하게 되는군요. 저의 아들을 통해 느낀 점은 크게 4가지입니다.

첫째, 모의고사 성적에 일희일비하지 말자.

고2 겨울방학부터 3월 모의고사 전까지는 흔들림 없이 목표를 가지고 공부를 했지만 매달 모의고사 성적에 따라 안도하거나 불안해했던 것 같습니다. 걱정한다고 다음 모의고사 성적이 올라가는 것도 아닌데 말이에요.

둘째, 최상의 컨디션을 위해 몸 관리를 하자.

감기라도 심하게 걸리면 다 나아서 정상적인 컨디션이 돌아올 때까지 2주 정도 걸린다고 합니다. 1년 공부할 기간의 4%를 최상의 컨디션이 아닌 상태로 공부를 하게 되니 효율이 떨어지더군요.

셋째, 자기소개서 작성을 위한 시간이 필요하다.

학생부(종합)전형을 준비하는 학생들은 자기소개서를 작성하는 한 달가량은 정상적인 공부가 되지 않는다는 것을 인지하고 공부 계획을 짜야 합니다. 막판 스퍼트를 내야 하는 수능 D-60일 즈음에 자기소개서를 제출해야 하니까요.

마지막으로 수능 시험 시간에 집중할 수 있도록 공부하자.

공부하는 습관에 따라 집중이 잘되는 시간이 저마다 다릅니다. 수능일이 다가올 때쯤이면 수능 시험 시간에 집중할 수 있도록 공부 습관을 바꿔야 최상의 컨디션에서 최고의 실력을 발휘할 수 있습니다.

경험담을 적다 보니 입시전문가들이 늘 하는 이야기와 별 차이가 없네요. 이것은 결국 고3 누구나 참고할 만하다는 뜻이기도 합니다.

뚜렷한 목표를 가지고 순간순간 흔들리지 않을 때 좋은 결과를 얻는 사람들을 주위에서 많이 보았습니다. 남은 기간을 후회 없이 보내면 신나고 보람찬 대학 생활이 기다린다는 것을 잊지 말고 힘내세요.

엄마의 이야기 3

　여느 고3 수험생과 특별히 다른 점은 없었습니다. 다만 개인적인 상황 때문에 몇 가지 힘든 점이 있었습니다. 집이 학교와 멀어서(대중교통 1시간 거리) 일찍 깨워 8시까지 등교시키는 것과, 맞벌이를 하는 탓에 아이와 함께 늦게 자고 일찍 일어나야 해서 늘 수면이 부족했습니다. 3학년 때는 아침 7시까지 등교해 자습을 하겠다고 해서 출근하는 길에 학교까지 데려다주었습니다. 3년간 늦게 귀가하는 아이의 야식을 챙겨주고 함께 대화하면서 그 어느 때보다 진로와 공부에 대해 시시콜콜한 것까지 얘기하며 친밀하게 소통할 수 있어서 돌이켜보면 참 좋은 시간이었습니다.

　6월 모의고사 때 컨디션 난조가 어김없이 찾아왔습니다. 누구보다 건강에 자신 있었고 공부에 대한 부담과 압박감도 다른 아이들보다는 덜하다고 생각했는데 고3이라는 중압감이 알게 모르게 영향을 미쳤나 봅니다. 심한 몸살과 고열로 시험을 볼 수 없는 상태였지만 워낙 중요한 시험이라서 약을 먹고 등교했습니다. 하지만 보건실에서 시험을 보던 중 1교시에 다시 열이 심하게 올라 결국 6월 모의고사를 포기할 수밖에 없었습니다. 얼마나 열심히 노력하고 준비했는지 지켜봐 왔기에 부모로서 너무 마음이 아팠습니다. 6월 모의고사로 자신의 위치를 확인하고 점검하는 기회를 가졌어야 했는데 그 중요한 기회를 놓치자 알게 모르게 크고 작은 문제가 생겼습니다.

뒷바라지하면서 가장 힘든 점을 꼽으라면 무엇보다 부모로서 갖게 되는 자책감인 것 같습니다. 아이의 진로에 대해 늘 함께 고민하고 노력했지만 결과가 나온 순간에는 모든 것이 자책으로 돌아왔습니다. 수능 시험을 망치고 수시 결과가 좋지 않을 때마다 부모의 정성, 정보력, 판단력이 부족했기 때문이라는 자책감을 떨치기 어려웠습니다. 결국 아이가 가장 원하는 대학에 합격해서 모든 시름을 한 번에 날려버릴 수 있었지만 그때의 무거운 마음과 힘든 기다림의 시간을 잊을 수 없습니다.

대학 합격 비결에 대해서는 간단명료하게 답할 수 없습니다. 열심히 노력하고 결과를 기다리는 수밖에 없습니다. 대학 입시를 준비하는 과정에서 누구나 위기와 슬럼프가 찾아오게 마련입니다. 부모로서 자책감이 드는 것 또한 당연한 일일 것입니다. 몇 번의 슬럼프를 으레 겪는 일이거니 생각하며 담담하게 받아들이고 이겨내야 합니다. 그리고 쉽지 않겠지만 좋지 않은 결과가 나오더라도 부모로서 최선을 다했으니 절대 자책하지 말라고 말하고 싶습니다.

학생의 이야기 1

안녕하세요.

저는 서울대학교 언어학과 17학번입니다.

이런 글을 쓰게 되어 매우 부끄럽고 민망합니다만 후배 여러분께 작은 도움이 될까 하여 펜을 잡았습니다. 고3은 매우 고통스러운 시간일 수 있습니다. 굳이 공부가 아니라도 모든 상황들이 마음에 들지 않을 수도 있습니다. 외부 요인으로 인한 고통은 자신이 어떻게 할 수 없는 부분입니다. 그러나 입시로 인한 초조함과 불안감은 해야 할 일을 하지 않고 미룰 때 찾아옵니다. 오늘 몇 시부터 그 일을 꼭 하겠다고 구체적인 시간을 정해 놓고, 그 시간이 되면 두말없이, 딴생각하지 말고, 그냥 해버리세요. 그러면 뿌듯한 마음이 들고 자신을 위한 작은 사치(초콜릿, 옷 등)를 즐기면 기분이 좋아집니다.

저의 하루 일과를 말씀드릴 테니 한번 따라 해보세요. 효과는 보장합니다.

-오전 3시 기상(시험 기간과 비시험 기간에 따라 유동적으로)

(5시간의 공부 시간을 확보할 수 있음. 아무래도 잠이 덜 깬 상태이기 때문에 가장 좋아하는 과목부터 시작하면 신나고 편함.)

-오전 8시 등교 준비

(학교 생활 : 필요한 수업을 발췌하여 듣고, 삼색 볼펜으로 필기 내용 정리하기. 처음부터 화려한 색을 쓰지 않고 수수한 색을 써야 앞으로 반복해서 공부할 때 휘황찬란해지지 않음.)

-오후 5시 하교

(체력이 좋지 않아 야간 자율 학습을 거의 하지 않음.)

-오후 5시~오후 12시

(7시간의 공부 시간 확보. 인터넷 강의 시청 포함.)

통학 중에는 고전시가나 고전문학을 줄 그으면서 5개씩 읽었습니다. 역사는 나 스스로 강의한 것을 녹음해서 듣고 외우면서 잠들었습니다. 어떤 때는 영어 단어를 아나운서처럼 읽어서 녹음해 둔 것을 들으며 잠들기도 했습니다.

전공을 선택할 때 유의할 점 : 다른 사람들이 하는 이야기를 참고할 수는 있지만 결국 최종 결정은 내가 하는 것입니다. 다른 사람의 의견에 좌우되지 말고 내 가슴이 하는 이야기를 따르세요. 자신의 전공 서적(예를 들어 심리학과의 경우 심리학개론)을 미리 읽어보고 정말 하고 싶은 전공인지 생각해 보세요. 문과의 경우 복수전공의 폭이 넓으니 최선과 차선을 모두 고려해 보세요.

학생의 이야기 2

안녕하세요.

저는 중앙대학교 간호학과 17학번입니다.

수험생으로서의 생활은 정말 누구에게나 힘든 싸움이자 시간인 것 같습니다. 저 역시도 그랬습니다. 잠을 자거나 놀고 싶은 욕구를 참고 공부하는 기본적인 것부터 평가원 시험이나 모의고사에서 기대에 현저히 못 미치는 성적을 받았을 때 실망스럽고 속상하고 막막함, 남들과 비교했을 때 나 자신이 한없이 부족한 것 같은 생각, 내가 원하는 대학에 가지 못할 것 같은 불안함 등 수많은 힘든 일들이 있었고 포기하고 싶은 순간이 더러 있었습니다.

이런 때일수록 가장 힘들면서도 가장 중요한 것이 마인드 컨트롤인 것 같습니다. 지금 포기하면 이전보다 못하다는 생각으로 마음을 다잡고, 남들과 비교하며 조바심을 내기보다는 이전의 나와 비교하면서 차근차근 공부해 나가는 것이 길다면 길고 짧다면 짧은 수험 생활 동안 꾸준히 공부할 수 있는 방법입니다.

제가 공부한 방식에는 딱히 특별한 점이 없습니다. 인강이나 수업 내용을 그날 꼭 복습하고, 오답을 여러 번 다시 풀어보고, 자투리 시간에 영어 단어 외우기, 기출문제 외워서 체화하기, 기출문제도 중요하지만 개념을 확실히 이해하고 외우기, 헷갈리거나 자주 나오는 개념을 노트에 그때그때 정리하기 등 정말 기본적이고 누구나 다 아는 방식으로 공부했습니다. 이런 기본에만 충실해도 실력은 충분히 늘 수 있을 것입니다. 또 제가 시험 볼 때 긴장을 많이 하는 편이어서 수능 볼 때 계속 되뇌었던 저만의 말이 있었습니다.

1. 자신감 가지기 : 문제가 어려워 보여도 잘 접근하면 충분히 풀 수 있다는 자신감을 가지자는 것입니다.
2. 남 신경 쓰지 말고 나만 생각하기 : 남들 시험지 넘기는 소리에 조급해지는 경우가 많은데 그때마다 나의 페이스를 잃지 않기 위한 것입니다.
3. 문제, 제시문, 선지 꼼꼼히 보기 : 꼼꼼히 보지 않아서 저지르는 실수를 막고 문제가 요구하는 것과 방향성을 파악하기 위한 것입니다.
4. 스킵할 줄 알기 : 잘 안 풀리는 문제에 집착하느라 시간을 허비하지 않고 나머지 문제를 다 푼 다음 다시 풀었습니다.

저의 수험 생활은 뿌듯하기도 하고 돌이켜 보면 아쉬운 점이 많기도 합니다. 여러분 모두 나중에 돌아봤을 때 아쉽지 않을 정도로 열심히 노력해서 좋은 결과를 거두시기 바랍니다!

부록-2017학년도 수시 경쟁률

구분			모집인원			경쟁률												정시 이월		2017 입시 결과				
						15년				16년				17년										
			15년	16년	17년	교과	종합	논술	작성	교과	종합	논술	작성	교과	종합	논술	작성	16년	17년	교과	종합	논술	작성	평균
최상위 서울대	공통	자유전공학부	124	123	123		6.1				5.8				5.8									
최상위 서울대	인문	경영대학	57	57	67		4.8				4.4				3.8			78						
		경제학부	108	108	104		4.0				4.0				3.3				1					
		고고미술사학과	10	10	10		6.5				5.7				5.4									
		광역(인문)	56	56	56		5.2				4.4				3.9									
		교육학과	12	12	12		15.8				15.4				15.1									
		국사학과	12	12	12		8.5				9.9				5.8									
		국어교육과	15	15	15		7.8				8.8				9.8			10						
		국어국문학과	15	15	15		7.9				7.9				7.4									
		노어노문학과	10	10	10		6.1				5.6				4.8									
		농경제사회학부	21	21	21		10.6				9.9				8.5			21						

구분		학과								
최상위	서울대	인문	독어교육과	15	15	15	3.8	4.2		4.5
			독어독문학과	10	10	10	4.9	6.2		5.2
			동양사학과	10	10	10	8.8	8.5		7.7
			미학과	10	10	10	9.9	10.0		7.5
			불어교육과	15	15	15	3.0	4.2		3.9
			불어불문학과	10	10	10	6.8	5.5		4.4
			사회과학계열						92	
			사회교육과	6	6	6	7.2	4.2	12	8.5
			사회복지학과	16	16	7	9.0	6.6		4.0
			사회학과	21	21	17	10.4	10.6		12.1
			서양사학과	10	10	10	7.8	6.0		6.0
			서어서문학과	10	10	10	6.0	6.5		5.8
			소비자아동학부	30	30	30	8.0	8.1	17	5.9
			심리학과	19	19	15	8.7	8.5	2	9.2
			아시아언어문명학부	10	10	10	9.2	10.0		9.8

구분			모집인원			경쟁률													정시 이월		2017 입시결과				
						15년				16년				17년				16년	17년	교과	종합	논술	작성	평균
			15년	16년	17년	교과	종합	논술	작성	교과	종합	논술	작성	교과	종합	논술	작성							
최상위	서울대	인문																						
		언론정보학과	17	17	21		8.7				9.9				6.9									
		언어학과	10	10	10		7.0				7.5				6.8									
		역사교육과	6	6	6		7.5				4.7				4.8			12						
		영어교육과	15	15	15		7.2				8.8				7.7			11						
		영어영문학과	15	15	15		7.7				8.2				7.1									
		윤리교육과	18	18	18		7.1				5.8				8.0				1					
		인류학과	16	16	20		7.3				7.2				6.0				2					
		인문계열																47	3					
		자유전공학부																	3					
		정치·외교학부	55	55	58		6.5				7.0				6.1									
		종교학과	10	10	10		5.5				6.2				6.4									
		중어중문학과	12	12	12		6.2				6.8				4.8									

구분	계열	학과								
최상위 서울대	인문	지리교육과	6	6	6	2.7	3.3	4.2	12	1
		지리학과	19	19	16	4.5	6.1	6.2		
		철학과	12	12	12	12.6	11.2	9.7		
	자연	간호대학	42	42	48	4.4	4.5	3.5	35	18
		건설환경공학부	41	41	41	3.6	2.9	2.9	20	8
		건축학과	22	41	41	3.1	3.5	3.3	15	8
		기계항공공학부	114	115		3.6	3.8		43	
		기계항공공학부(기계공학전공)			85			3.7		4
		기계항공공학부(우주항공공학전공)			29			3.4		3
		물리·천문학부	27	26		6.5	6.7			
		물리·천문학부(물역)	11	10		2.7	5.0		11	2
		물리·천문학부(물리학전공)			36			4.6		
		물리·천문학부(천문학전공)		7	12		6.6	3.8		
		물리교육과	6	6	13	0.8	4.2	4.8	17	5
		바이오시스템·소재학부	26	26	26	8.1	7.5	7.8	13	4

구분			모집인원			경쟁률													정시 0월		2017 입시결과				
			15년	16년	17년	15년				16년				17년				16년	17년	교과	종합	논술	작성	평균
						교과	종합	논술	작성	교과	종합	논술	작성	교과	종합	논술	작성							
최상위 서울대	자연	산림과학부	30	29	30		4.8				3.7				3.4			19	7					
		산업공학과	22	22	22		7.4				6.2				5.7			11	4					
		생명과학부	48	47	48		7.0				8.3				6.1			19	8					
		생물교육과	6	6	13		2.0				4.7				6.5			15	4					
		수리과학부	28	28	28		5.0				6.1				4.2			7	2					
		수의예과	40	40	40		3.9				4.1				4.1				10					
		수학교육과	26	26	26		5.6				6.2				4.9				3					
		식물생산과학부	37	36	37		5.5				4.9				3.9			30	13					
		식품·동물생명공학부	26	26	26		8.0				7.6				6.0			19	10					
		식품영양학과	20	20	20		3.7				4.9				4.0			17	8					
		에너지자원공학과	25	25	25		4.8				4.7				3.8				4					
		원자핵공학과	32	32	32		4.0				4.1				3.7				9					

최상위 서울대 자연	응용생물화학부	27	27	27	7.9	8.7	6.8	15	6
	의류학과	20	20	20	5.7	5.1	4.2	15	3
	의예과	65	70	70	8.3	8.2	7.6	25	
	재료공학부	66	66	66	4.9	4.1	3.9	27	4
	전기·정보공학부	117	117	117	3.2	2.9	3.4	51	13
	조경·지역시스템공학부	24	24	24	5.3	3.4	3.6	18	9
	조선해양공학과	35	35	35	3.7	3.1	3.3	20	5
	지구과학교육과	6	6	13	0.8	2.0	4.1	18	5
	지구환경과학부	36	36	36	3.7	3.7	3.1		7
	치의학과	45	45	45	3.4	3.4	3.9	14	7
	컴퓨터공학부	41	41	41	5.1	5.5	6.0		1
	통계학과	24	24	24	4.9	3.8	3.9		
	화학교육과	6	6	13	1.8	3.3	6.6	15	3
	화학부	36	35	35	5.5	5.1	5.1	12	5
	화학생물공학부	66	66	66	4.9	4.2	4.5	27	7

189

구분			모집인원			경쟁률												정시 이월		2017 입시결과				
			15년	16년	17년	15년				16년				17년				16년	17년	교과	종합	논술	작성	평균
						교과	종합	논술	작성	교과	종합	논술	작성	교과	종합	논술	작성							
최상위	연세대	인문 간호학과(인문)	23	26	26	7.0	5.2	33.3		6.8	3.9	38.7		5.0	4.1	30.4		15	6	1.20	1.50	3.20		1.97
		경영학과	179	180	179	6.2	8.7	44.0		6.4	6.6	47.5		3.7	6.1	37.2		113	36	1.10	1.30	4.40		2.27
		경제학부	112	108	108	7.6	9.6	40.6		5.2	9.8	38.8		4.0	7.6	31.4		83	20	1.10	1.30	3.40		1.93
		교육학부	37	37	37	11.2	14.4	46.1		7.2	10.3	47.1		9.0	9.3	36.2		25	6	1.00	1.50	3.10		1.87
		국어국문학과	31	30	30	7.5	12.0	44.0		4.8	9.4	45.4		4.8	7.0	35.8		22	9	1.10	1.50	3.70		2.10
		노어노문학과	20	19	19	8.3	7.8	45.1		5.3	4.9	42.6		7.0	5.5	34.7		13	6	1.20	1.40	3.90		2.17
		독어독문학과	20	19	19	9.3	8.1	44.4		7.0	7.3	43.0		5.7	6.9	37.3		14	5	1.10	1.50	3.70		2.10
		문헌정보학과	20	19	19	9.0	7.6	44.5		6.0	6.5	43.6		7.0	4.5	35.6		13		1.30	1.50	2.60		1.80
		문화인류학과	8	8	8		15.3	45.3			13.0	44.5			12.3	34.8		6	4		1.20	5.00		3.10
		불어불문학과	21	20	20	9.7	8.4	44.8		16.7	6.2	42.3		11.0	5.7	36.8		18	4	1.20	2.00	3.50		2.23
		사학과	29	29	29	9.3	14.3	42.8		6.0	10.3	42.4		5.3	7.6	35.3		18	5	1.20	1.90	3.70		2.27
		사회복지학과	18	19	19	11.0	10.9	44.4		6.8	6.4	40.5		3.3	8.0	33.5		12	2	1.10	1.30	4.00		2.13

	학과																	
최상위 연세대 인문	사회학과	25	26	26	11.2	20.7	56.4	6.6	15.7	49.7	6.0	13.2	37.6	14	5	1.10	1.10	2.10	1.43
	생활디자인학과(인문)	14	14	11	9.5	7.8	47.4	7.5	6.2	47.2	7.5	7.6	36.8	9	1	1.30	2.00	2.80	2.03
	식품영양학과(인문)	8	8	6		6.6	39.7		4.0	32.3		4.8	27.0	5	1		1.60	3.00	2.30
	신학과	27	32	32	5.8	4.5	16.6	4.0	3.2	16.9	3.5	3.3	13.2	22	6	1.40	2.00	3.80	2.40
	실내건축학과(인문)	8	8	8		6.1	42.0		5.5	38.7		5.2	37.3	6			1.40	3.00	2.20
	심리학과	26	26	26	9.0	14.6	63.7	10.0	12.2	62.1	5.0	10.3	47.8	10	3	1.10	2.00	5.00	2.70
	아동·가족학과(인문)	15	15	18	10.0	8.1	42.5	6.5	6.3	40.8	3.5	6.4	34.3	9	3	1.10	1.10	3.10	1.77
	언론홍보영상학부	29	28	28	6.8	17.4	58.6	6.0	14.0	67.4	6.0	10.6	48.6	14	7	1.20	1.10	4.00	2.10
	영어영문학과	50	49	49	8.1	10.1	45.6	5.9	8.2	43.8	3.4	7.0	37.2	33	8	1.10	1.30	4.00	2.13
	응용통계학과	37	38	38	9.0	9.8	44.5	6.1	9.0	51.2	4.0	7.9	36.0	20	9	1.10	1.40	4.10	2.20
	의류환경학과(인문)	8	8	8		10.1	56.3		7.4	51.3		7.4	43.0	8		1.10	1.10	3.90	2.50
	정치외교학과	55	54	54	8.5	17.3	50.0	5.6	13.3	49.6	4.1	11.9	38.8	36	9	1.10	1.30	3.50	1.90
	중어중문학과	22	21	21	7.0	10.1	42.0	12.0	7.8	42.9	3.3	6.3	33.4	11	2	1.10	2.20	3.90	2.40
	철학과	22	21	21	11.3	10.9	44.6	6.0	10.6	49.5	6.0	9.7	37.5	18	2	1.10	1.50	4.60	2.40
	행정학과	54	54	54	8.7	10.7	51.6	5.9	8.8	47.2	4.9	8.0	37.5	33	4	1.10	1.40	3.30	1.93

구분		모집인원 15년	16년	17년	경쟁률 15년 교과	종합	논술	작성	16년 교과	종합	논술	작성	17년 교과	종합	논술	작성	정시 0월 16년	17년	2017 입시결과 교과	종합	논술	작성	평균
최상위 연세대 자연	간호학과(자연)	24	24	24	8.7	6.0	21.2		5.0	4.9	16.4		6.7	5.4	24.4		16	6	1.30	1.50	3.30		2.03
	건축공학과	51	51	51	6.7	6.2	21.6		3.6	5.5	18.6		4.0	5.2	25.0		38	7	1.40	1.50	3.20		2.03
	글로벌융합공학부	21	20	20		8.9				9.0				8.6									
	기계공학부	82	82	81	8.2	9.8	35.0		5.3	11.2	30.0		4.5	11.0	29.8		66	20	1.10	1.50	3.80		2.13
	대기과학학과	20	20	20	9.8	7.9	20.9		5.0	6.9	18.1		3.8	7.4	23.3		9	2	1.20	1.30	3.60		2.03
	도시공학과	24	24	24	10.7	5.9	23.7		8.0	4.3	18.2		4.3	5.6	24.1		16	3	1.40	1.80	3.50		2.23
	물리학과	23	23	23	7.3	11.1	23.2		5.5	12.6	24.6		5.0	11.5	28.1		15	9	1.30	1.30	3.30		1.97
	사회환경시스템공학부	51	51	51	9.3	6.0	24.8		5.3	4.0	19.6		4.1	5.3	27.4		31	5					
	신업공학과	26	26	26	9.0	12.0	37.5		6.5	12.0	34.2		3.8	11.3	32.0		16	5					
	생명공학과	36	36	36	12.8	16.9	38.0		7.0	18.0	29.2		8.0	15.6	32.3		26	7	1.10	1.30	3.10		1.83
	생화학과	20	20	20	11.0	12.8	34.6		7.3	13.3	23.9		6.0	10.3	29.4		12	5	1.00	1.10	2.50		1.53
	생활디자인학과(자연)	3	3	6			26.7				16.3			4.0	21.5		3	2			3.70		3.70

구분			학과																			
최상위	연세대	자연	수학과	26	26	26	13.5	16.6	49.6	8.0	17.1	42.8	4.3	14.7	37.3	22	9	1.00	1.20	3.00	1.73
			시스템생물학과	22	22	22	12.5	14.7	31.3	6.5	15.0	23.8	4.8	14.5	27.6	10	5	1.10	1.10	3.50	1.90
			식품영양학과(자연)	7	7	7		7.8	25.7		7.8	26.7	5.0	6.3	26.3	7	4		1.40	2.50	1.95
			신소재공학부	70	70	71	9.8	10.0	35.1	5.9	9.4	29.5	4.3	8.8	30.7	43	14	1.10	1.40	3.40	1.97
			실내건축학과(자연)	7	7	7		6.8	23.3		4.3	19.7		4.3	22.3	6	2		2.20	2.40	2.30
			아동가족학과(자연)													2					
			의류환경학과(자연)	8	8	8	8.0	8.0	28.0		6.8	21.8		5.3	25.8	7	1		1.40	3.40	2.40
			의예과	55	55	55	17.3	12.8	67.7	13.0	13.1	93.1	9.7	9.9	103.3	23	7	1.00	1.00	3.50	1.83
			전기전자공학부	122	122	121	7.8	8.1	32.3	5.4	7.0	27.6	5.1	7.7	29.3	79	14	1.20	1.50	4.20	2.30
			지구시스템과학과	23	23	23	7.5	6.1	20.2	5.0	6.3	18.9	4.3	6.2	23.8	14	1	1.20	1.30	3.90	2.13
			천문우주학과	20	20	20	6.8	10.7	20.6	4.5	10.1	21.1	4.3	9.3	22.6	9	2	1.20	1.40	3.70	2.10
			치의예과	30	30	42	10.0	6.5	38.5	5.0	5.2	49.4	5.7	4.2	50.5	22	14	1.00	1.20	3.40	1.87
			컴퓨터과학과	46	46	46	7.7	7.8	33.6	6.0	9.1	33.6	4.7	11.2	40.2	23	6	1.10	1.30	4.00	2.13
			토목환경공학전공															1.30	1.70	4.20	2.40
			화공생명공학부	58	58	59	11.1	12.6	43.0	6.8	11.4	35.7	4.9	10.2	33.1	45	21	1.10	1.30	2.90	1.77

193

구분		모집인원			경쟁률 15년				경쟁률 16년				경쟁률 17년				정시 0월		2017 입사결과				
	학과	15년	16년	17년	교과	종합	논술	작성	교과	종합	논술	작성	교과	종합	논술	작성	16년	17년	교과	종합	논술	작성	평균
인세대 자연	화학과	30	30	30	9.5	11.7	34.1		9.5	10.4	25.3		4.5	11.7	29.6		20	6	1.00	1.70	3.70		2.13
인문	간호대학(인문)																11	2					
고려대 인문	경영대학	186	182	193		13.5	45.1			10.5	50.7			7.4	46.1		86	3	1.10	2.10	2.50		1.90
	경제학과	68	74	77		16.2	41.1			16.9	44.1			10.6	38.9		38	5	1.10	2.10	2.50		1.90
	교육학과	31	30	30		18.0	37.2			20.5	41.6			18.4	40.2		20	2	1.10	2.00	2.80		1.97
	국어교육과	26	26	25		14.2	38.7			17.6	45.6			12.7	44.0		16	1	1.10	1.90	2.60		1.87
	국어국문학과	33	34	33		14.6	37.1			11.9	39.3			9.7	38.1		19		1.20	2.70	2.60		2.17
	국제학부																8	1					
최상위	노어노문학과	20	20	21		11.8	33.9			8.2	36.0			6.5	37.0		9		1.20	2.70	2.60		2.17
	독어독문학과	20	20	21		9.2	35.3			8.7	39.1			7.2	38.4		9	2	1.20	2.70	2.60		2.17
	미디어학부	41	40	44		25.8	57.4			23.9	61.9			14.2	55.1		16		1.10	2.20	2.40		1.90
	보건정책관리학부	34	33	44		11.6	39.2			10.7	42.7			7.8	46.5		41	2	1.20	2.70	2.50		2.13

			불어불문학과	22	22	23	10.0	35.1	8.8	40.7	7.2	38.1	8	2	1.20	2.70	2.60	2.17
최상위	고려대	인문	사학과	27	26	26	14.9	35.6	13.6	38.6	11.3	38.5	16		1.20	2.70	2.50	2.13
			사회학과	46	47	44	21.4	48.6	17.3	49.5	16.4	50.6	25	3	1.10	2.20	2.40	1.90
			서어서문학과	27	26	28	9.5	37.4	9.5	41.6	7.1	38.6	10	1	1.20	2.70	2.60	2.17
			식품자원경제학과	33	33	31	13.4	44.4	13.4	44.5	9.2	39.5	19	1	1.10	2.10	2.50	1.90
			심리학과	33	33	31	16.5	52.2	14.2	54.6	14.3	53.9	18	1	1.10	2.20	2.40	1.90
			언어학과	16	16	17	10.5	34.0	12.0	39.0	9.3	39.0	7	2	1.20	2.70	2.60	2.17
			역사교육과	19	18	18	12.3	34.3	13.3	36.9	13.3	37.3	12		1.20	2.40	2.80	2.13
			영어교육과	37	36	38	14.0	35.4	14.0	36.6	8.4	36.9	15	2	1.10	1.90	2.60	1.87
			영어영문학과	59	58	61	11.9	37.9	12.0	40.1	8.1	38.7	26	3	1.20	2.70	2.60	2.17
			일어일문학과	24	24	25	10.5	32.9	7.9	36.7	6.7	36.0	10		1.20	2.70	2.60	2.17
			자유전공학부	56	54	57	15.3	40.0	14.4	44.1	11.0	44.1	22	1	1.10	2.30	2.50	1.97
			정치외교학과	44	43	44	29.2	41.4	23.8	46.8	15.1	44.0	19	7	1.10	1.90	2.50	1.83
			중어중문학과	29	29	31	12.2	39.4	11.0	39.4	7.4	36.1	12		1.20	2.70	2.60	2.17
			지리교육과	21	22	21	12.8	34.8	9.5	35.4	9.8	39.2	12	2	1.20	2.40	2.80	2.13

구분		학과	모집인원			경쟁률 15년				경쟁률 16년				경쟁률 17년				정시 0월		2017 입시결과				
			15년	16년	17년	교과	종합	논술	작성	교과	종합	논술	작성	교과	종합	논술	작성	16년	17년	교과	종합	논술	작성	평균
최상위 고려대	인문	철학과	24	24	25		17.1	42.2			15.3	44.1			12.7	39.3		15		1.20	2.70	2.50		2.13
		컴퓨터학과(인문)																12	1					
		통계학과	41	38	40		13.5	41.0			14.9	48.0			8.8	41.9		16	1	1.10	2.20	2.40		1.90
		한국사학과	14	14	14		13.3	34.1			14.2	35.3			10.9	36.4		10		1.20	2.70	2.50		2.13
		한문학과	14	13	14		8.0	33.0			7.6	36.3			6.5	35.7		6	2	1.20	2.70	2.60		2.17
		행정학과	47	41	44		15.0	40.4			15.0	44.5			9.1	40.0		16		1.10	1.90	2.50		1.83
	자연	가정교육과	16	16	21		6.3	22.1			4.7	29.1			4.5	28.2		21	3	1.10	1.80	2.90		1.93
		간호대학	37	38	35		5.6	22.7			6.0	27.5			6.3	25.6		12	1	1.40	2.20	2.90		2.17
		건축사회환경공학부	73	74	72		6.6	34.7			5.1	36.7			6.0	42.0		23		1.20	2.00	2.70		1.97
		건축학과	31	31	31		6.8	40.9			8.0	43.4			7.4	50.7		10	2	1.20	2.00	2.70		1.97
		기계공학부	107	108	104		9.9	58.5			10.2	63.6			11.6	59.8		36	9	1.20	2.00	2.70		1.97
		물리학과	36	35	35		9.4	38.7			11.4	44.9			10.9	46.3		13	7	1.20	1.70	2.70		1.87

최상위	고려대	자연	모집단위													
최상위	고려대	자연	바이오시스템의과학부	30	30	40	12.1	31.4	12.0	45.2	8.3	45.7	37		1.20	1.70	2.70	1.87
			바이오의공학부	30	30	40	12.2	29.7	15.4	41.7	10.7	42.4	40	1	1.20	2.00	2.70	1.97
			보건환경융합과학부	51	50	69	8.7	26.5	9.9	34.1	7.0	37.9	66	2	1.20	1.70	2.70	1.87
			사이버국방학과	20	20	18	5.2		5.3		6.9		10	1				
			산업경영공학부	42	43	41	10.0	58.1	11.2	64.4	11.2	64.5	11	1	1.20	2.00	2.70	1.97
			생명공학부	83	83	82	11.5	40.8	11.4	41.4	12.0	46.5	23	12	1.20	1.70	2.70	1.87
			생명과학부	77	77	74	11.1	36.0	10.6	37.6	10.2	40.1	18	4	1.20	1.70	2.70	1.87
			수학과	36	35	35	12.8	67.7	13.1	60.5	13.7	57.1	12	11	1.20	1.70	2.70	1.87
			수학교육과	28	30	28	13.2	53.2	11.9	62.1	13.7	62.4	5		1.10	1.80	2.90	1.93
			식품공학과	36	35	36	8.9	33.7	7.8	38.3	6.6	37.0	9		1.20	1.70	2.70	1.87
			신소재공학부	103	104	102	9.9	55.7	9.1	58.1	9.1	56.9	29	4	1.20	2.00	2.70	1.97
			의과대학	60	61	81	17.1	96.4	17.9	113.2	13.8	79.8	13	9	1.00	1.20	1.70	1.30
			전기전자공학부	129	131	129	8.6	56.5	7.6	61.1	9.0	60.6	41	4	1.20	2.00	2.70	1.97
			지구환경과학과	26	28	27	9.2	42.6	9.5	49.9	8.3	57.3	13	1	1.20	1.70	2.70	1.87
			컴퓨터학과	93	93	91	6.5	36.2	7.5	51.3	10.6	63.5	12		1.20	2.00	2.70	1.97

구분				모집인원			경쟁률 15년				경쟁률 16년				경쟁률 17년				정시 이월		2017 입시결과				
				15년	16년	17년	교과	종합	논술	작성	교과	종합	논술	작성	교과	종합	논술	작성	16년	17년	교과	종합	논술	작성	평균
최상위	고려대	자연	친환경생명공학과	64	64	63		12.6	68.2			12.1	73.2			13.1	72.0			31	8	1.20	2.00	2.70		1.97
			화학과	36	35	35		12.5	53.5			13.6	54.1			13.7	53.6			13	4	1.20	1.70	2.70		1.87
			환경생태공학부	54	53	52		9.9	30.4			8.8	33.6			8.5	34.4			15	3	1.20	1.70	2.70		1.87
		공통	Art & Technology계	23	30	5		18.1				19.3				37.4										
TOP10	서강대	인문	경영학부	174	187	185		14.5	47.1			13.1	62.6			10.9	53.1			87	4					
			경제학부	99	97	95		14.9	44.2			14.2	56.9			12.1	49.3			82						
			국어국문학전공	8	11	11		13.0				8.8				9.7										
			국제한국학과	5	8	12		14.2				12.6				9.5										
			사학전공	8	11	11		14.5				7.8				10.3										
			사회과학부	34	42	45		49.4	88.3			56.3	114.3			44.6	85.6			23	3					
			사회학	10	11	11		13.6				10.0				15.6										
			심리학	10	11	11		13.7				12.0				12.4										

		전공											
TOP10 서강대	인문	영미문화계	37	45	40	18.9	57.1	19.3	84.3	14.1	66.8	17	2
		유럽문화전공	23	26	22	15.9	63.7	16.4		12.3		11	
		인문계	60	63	74	24.3	59.9	26.5	84.0	15.0	62.8	38	4
		정치외교학	12	11	11	14.5		11.9		15.2			
		종교학전공	4	5	5	6.8		5.2		6.2			
		중국문화전공	22	18	18	14.1	58.8	13.7		11.1		10	
		철학전공	4	5	5	15.3		10.6		13.8			
		커뮤니케이션학부	45	50	54	18.9	74.4	19.0	93.8	16.3	72.0	30	
	자연	기계공학전공	56	57	56	15.4	64.1	17.4	77.4	15.6	115.6	29	2
		물리학전공	28	41	38	7.9		9.3	53.9	10.7	68.5	13	5
		생명과학전공	28	41	38	20.0		22.0	80.2	19.4		12	3
		수학전공	28	42	38	10.5		11.6	87.4	12.6	75.1	14	
		자연과학부	54				67.0						
		전자공학전공	63	63	61	13.2	62.5	13.8	76.8	15.5	94.2	36	5
		컴퓨터공학전공	63	64	61	11.7	53.3	14.3	71.9	15.7	90.0	37	5

구분			모집인원 15년	모집인원 16년	모집인원 17년	경쟁률 15년 교과	15년 종합	15년 논술	15년 적성	16년 교과	16년 종합	16년 논술	16년 적성	17년 교과	17년 종합	17년 논술	17년 적성	정시이월 16년	정시이월 17년	2017 교과	2017 종합	2017 논술	2017 적성	2017 평균
TOP10	서강대	화공생명공학전공	63	63	61		21.2	74.8			22.4	101.6			23.5	136.4		37	5					
	자연	화학전공	28	41	38		14.3				16.1	76.8			13.2			12	2					
	성균관대 인문	경영학	150	141	160		10.6	54.9			12.5	58.0			7.2	54.4		85				2.90		2.90
		교육학과	30	30	27			47.3				51.3			16.2	58.2		5	1			3.40		3.40
		글로벌경영학	100	100	83		9.3	44.2			8.2	47.8			9.0	45.3		37	2			2.90		2.90
		글로벌경제학	85	85	77		8.6	40.6			8.9	40.7			6.6	38.1		18	1			2.90		2.90
		글로벌리더학	65	65	60		10.6	41.4			9.2	41.4			11.7	38.6		19				2.90		2.90
		사회과학계열	300	241	259		14.3	68.5			15.2	79.0			11.4	62.9		140	1			2.90		2.90
		사회복지학과	5	20	20		11.4				6.3				6.4									
		사회학	12	20	20		12.2				10.7				9.0									
		심리학	12	12	12		11.0				15.8				10.5									
		아동청소년학과		20	20						7.3				6.0									

	모집단위														
TOP10 성균관대	인문	영상학과	30	15	25	12.9	58.7	14.9		13.7	70.0	5	5	3.70	3.70
		의상학과	35	20	23	13.1	47.6	9.0		11.0	59.0	4		3.70	3.70
		인문과학계열	220	193	220	10.8	65.6	9.4	71.2	7.7	54.3	147	5	3.20	3.20
		통계학과	12	12	12	7.9		12.1		8.4				3.40	3.40
		한문교육과	30	30	27		37.1		37.1	3.8	38.6	6			
		국어국문학	12	12	12	9.6		6.7		7.8					
		독어독문학	12	12	12	6.6		6.1		5.7					
		러시아어문학	12	12	12	5.8		5.2		5.7					
		사학	12	12	12		45.2	10.9		10.5					
		유학동양학	30	30	30	7.4		4.3		5.4					
		철학	12	12	12	8.0		6.7		6.6					
		프랑스어문학	12	12	12	7.2		7.1		5.6					
		한문학	12	20	20	6.2		4.2		3.9					
	자연	건축학(5년제)	41	41	41	7.5	31.9	6.0	20.6	7.5	26.2	1		3.00	3.00
		공학계열	545	535	533	10.5	31.0	9.0	25.0	9.4	28.3	198	23	3.00	3.00

구분	모집인원			경쟁률												정시 10월		2017 입시결과				
				15년				16년				17년										
	15년	16년	17년	교과	종합	논술	적성	교과	종합	논술	적성	교과	종합	논술	적성	16년	17년	교과	종합	논술	적성	평균
글로벌바이오메디컬공학	25	25	23			47.7				40.5			41.2	70.6		11	1			3.00		3.00
물리학과	12	12	12			6.3				19.4				4.2								
반도체시스템공학과	70	70	40		11.6	27.0			7.5	19.7			9.9	36.0		30	1			3.00		3.00
생명과학과	12	12	12			9.6				28.6				7.9								
소프트웨어학과	45	45	105		12.8	30.2			13.1	25.0			11.6	39.5		24	16			3.00		3.00
수학과	12	12	12			8.8				21.3				5.8								
수학교육	31	30	27		10.1	50.4				27.5			15.5	44.5		5				3.10		3.10
의예	18	20	15		38.8	115.2			33.2	112.8			26.8	153.0		15	15			1.50		1.50
자연과학계열	220	204	215		14.1	30.3			15.4	24.8			16.1	30.1		96	2			3.10		3.10
전기전자공학부	120	115	150			27.0				21.8			6.7	25.3						3.10		3.10
전자전기컴퓨터공학계열	100	93			8.8				7.3							85						
컴퓨터교육과	30	30	27		6.7	26.1			5.4	21.1			7.8	26.8		8				3.10		3.10

TOP10 / 성균관대 / 자연

대학	계열	모집단위				6.3			27.7			6.1						
성균관대	자연	화학과	12	12	12	6.3			27.7			6.1						
한양대	인문	간호학전공(인문)	11	11	11	19.4	64.8		29.4	100.3		15.7						
		건축학부(인문)	8	7	7		11.5	5.3	8.0	12.7		15.3	10.8					
		경영학부(성경)	169	169	148	9.3	25.8	4.2	7.2	11.5	68.3	4.7	9.9	65.6	39	1	1.00	1.00
		경제금융학부	80	80	80	8.9	24.4	5.7	6.3	10.5	62.5	3.5	8.2	51.1	30	1	1.10	1.10
		관광학부	20	20	19	21.4	95.3	4.0	8.3	31.2	126.5	7.8	25.3	104.8	17	3	1.10	1.10
		교육공학과	13	13	11	20.0	75.0	6.0	4.5	26.2		3.8	25.4		7		1.10	1.10
		교육학과	13	13	11	25.4	76.8	5.0	5.0	30.4		7.5	31.0		7		1.20	1.20
		국어교육과	17	17	14	28.3	81.2	5.8	7.3	28.0		4.0	31.9	149.5	9		1.00	1.00
		국어국문학과	20	18	19	26.8	88.1	5.2	8.6	33.7	116.7	4.0	24.0	99.8	10		1.10	1.10
		독어독문학과	10	10	8	13.5			16.9			16.5						
		미디어커뮤니케이션학과	29	29	29	33.6	110.4	5.0	6.4	45.2	166.9	4.2	38.9	129.0	14	1	1.00	1.00
		사학과	17	15	16	31.3	85.4	5.3	6.2	55.6	106.4	3.5	37.1	95.8	8		1.10	1.10
		사회학과	23	21	21	25.1	92.6	5.1	6.0	32.6	132.1	3.5	28.1	116.3	10		1.00	1.00
		스포츠산업학과	10			48.7												

TOP10

구분			모집인원			경쟁률												정시 이월		2017 입시결과				
						15년				16년				17년										
			15년	16년	17년	교과	종합	논술	적성	교과	종합	논술	적성	교과	종합	논술	적성	16년	17년	교과	종합	논술	적성	평균
TOP10	한양대	인문																						
		실내건축디자인학과(인문)	21	21	21	5.0	16.3	79.6		11.9	19.0	94.1		4.6	11.8			8		1.10				1.10
		영어교육과	12	12	9	5.2	22.9			8.6	35.6			3.5	30.4					1.10				1.10
		영어영문학과	19	19	16	5.0	20.8			5.0	30.8			4.6	28.0			12		1.20				1.20
		의류학과(인문)	22	21	20	4.3	21.3	79.1		9.0	29.4	89.0		4.7	15.2			12	2	1.20				1.20
		정보시스템학과(상경)	28	27	26	5.0	11.0	22.5		9.0	13.1	48.4		4.2	13.1	53.9		10						
		정책학과	78	78	76	7.1	14.0	94.0		5.9	15.7	142.0		4.0	12.2			18		1.00				1.00
		정치외교학과	24	23	22	5.8	20.8	95.6		6.4	32.3	134.3		4.0	26.2	116.5		11		1.40				1.40
		중어중문학과	18	18	16	6.0	15.1			6.8	19.0			3.6	18.1			11		1.20				1.20
		철학과	13	11	11	5.8	19.0	87.0		5.0	28.7	108.3		4.8	22.3	94.0		7		1.20				1.20
		파이낸스경영학과(상경)	38	38	31	6.2	11.2	33.9		6.4	14.4	103.0		4.0	10.3	87.3		10		1.00				1.00
		행정학과	28	28	29	6.8	15.1	88.6		7.8	17.5	137.6		4.2	11.3			10		1.00				1.00
		자연																						
		간호학과(자연)	24	24	24	5.3	17.2	25.3		5.7	26.0	48.4		4.4	20.7	50.0								

		학과															
TOP10	한양대 (자연)	건설환경공학과	37	37	37	4.6	10.8	29.1	6.1	40.4	3.2	10.9	46.0		13	1.20	1.20
		건축공학부	35	31	29	4.9	10.5	28.1	6.1	40.1	5.3	9.9	49.6		11	1.20	1.20
		건축학부(자연)	28	26	25	5.8	17.1	27.6	5.8	46.0	4.8	21.2	66.9		10	1.10	1.10
		경영학부(자연)			21							10.4	38.8				
		기계공학부	106	106	106	5.5	13.8	45.8	6.1	65.2	4.0	16.7	68.3	2	41	1.10	1.10
		도시공학과	30	28	28	5.1	11.1	28.7	6.4	42.6	6.3	10.9	49.4		10	1.10	1.10
		물리학과	33	30	30	4.3	14.2	24.5	7.3	40.4	4.3	17.8	43.3		9	1.10	1.10
		미래자동차공학과	28	28	28	6.4	12.8	45.8	8.8	88.4	5.2	13.4	102.2		10	1.00	1.00
		산업공학과	32	32	32	5.5	14.3	37.0	5.5	53.6	4.2	17.4	56.2		10	1.10	1.10
		생명공학과	20	20	19	6.3	28.4	38.9	8.3	74.3	5.0	41.6	81.8		6	1.00	1.00
		생명과학과	32	32	33	7.0	26.1	29.8	5.8	54.2	6.3	32.9	62.1	1	15	1.10	1.10
		수학과	33	33	30	5.0	13.7	36.5	5.1	57.1	4.0	23.6	57.2		12	1.10	1.10
		수학교육과	13	13	10	7.5	25.3	49.0	4.5	72.6	6.3	42.0	82.3	1	7	1.00	1.00
		식품영양학과(자연)	34	34	34	4.8	12.4	24.6	8.6	44.4	5.6	17.2	40.2			1.10	1.10
		신소재공학부	82	72	70	5.8	12.7	40.0	6.0	91.6	5.9	16.3	97.1	1	19	1.00	1.00

구분		모집인원			경쟁률												정시 9월		2017 입시결과				
		15년	16년	17년	15년 교과	종합	논술	작성	16년 교과	종합	논술	작성	17년 교과	종합	논술	작성	16년	17년	교과	종합	논술	작성	평균
TOP10 한양대 자연	실내건축디자인학과(자연)	12	12	11	4.3	15.8	26.3		9.5	18.3	47.3		17.3	10.8	42.8				1.20				1.20
	에너지공학과	18	18	17	7.8	25.3	55.0		5.8	27.4	96.6		4.3	26.3	99.5		11		1.00				1.00
	원자력공학과	28	27	26	6.8	10.7	31.1		8.2	14.0	48.4		4.6	11.9	44.8		10		1.10				1.10
	유기나노공학과	22	19	18	6.8	13.0	33.1		6.3	17.7	71.0		5.3	16.4	67.8		10		1.30				1.30
	융합전자공학부	85	85	84	5.5	14.1	49.3		6.9	17.7	88.1		4.4	15.0	98.1		32		1.00				1.00
	의류학과(자연)	12	12	12	5.0	18.3	29.0		12.8	18.8	45.8		3.8	14.8	56.3			1	1.20				1.20
	의예과	25	25	38		38.1				40.9				32.1			50						
	자원환경공학과	21	19	19	5.0	13.6	28.4		9.8	22.3	45.2		5.0	15.5	49.0		9		1.10				1.10
	전기·생체공학부	49	49	48	4.8	13.0	33.8		7.3	21.8	53.4		4.9	18.1	56.8		29		1.10				1.10
	정보시스템학과			27									4.4	18.1	94.2			1	1.00				1.00
	컴퓨터소프트웨어학부(소프트웨어전공)	19	19	55	6.5	16.1	57.6		5.3	21.1	99.4						9						
	컴퓨터소프트웨어학부(컴퓨터전공)	62	62		5.3	12.8	36.7		5.4	18.4	54.1						20						

대학	계열	학과															
한양대	자연	파이낸스경영학과													1.00		1.00
		화학공학과	47	41	40	7.7	15.5	43.5	7.4	22.1	106.3	4.6	21.1	75.5	15	1.00		1.00
		화학과	36	36	34	5.6	15.8	29.6	5.0	24.4	50.9	4.7	22.4	55.2	14	1.00		1.00
		간호학과(인문)	70	72	95	5.3	17.3		7.4		19.2	4.0		22.3	26	1.50	3.30 3.80	2.98
중앙대	인문	경영경제대학													167			
		경영학부 (경영학전공)	270	292	275	9.4	18.6		5.1		17.2	6.1		21.0		2.60		2.60
		경영학부 (글로벌금융전공)	20	37	40		21.3		6.8		15.8	6.8		18.0	10	2.60		2.60
		경제학부	95	97	97	9.7	18.3		4.6		15.4	4.4		17.7	10	2.60		2.60
		공공인재학부	60	73	70	14.4	36.5		6.7		27.2	5.8		31.6	3	2.55		2.55
		광고홍보학과	28	34	38	9.0	34.5		8.9		30.2	5.2		25.2		2.60		2.60
		교육학과	16	18	20	9.0	33.3		7.5		33.3	6.8		53.6	1	1.20 1.90	3.50	2.20
		국어국문학과	38	38	37	8.0	30.1		4.5		23.9	6.8		34.1	12	2.95		2.95
		국제물류학과	28	42	45	15.0	26.8		5.4		21.0			23.5	13	3.20	3.50	3.35
		도시계획부동산학과	28	48	41	13.4	28.1		7.1		19.6	5.8		24.1		3.10		3.10
		문헌정보학과	33	33	34	8.7	27.4		4.4		19.6	5.0		25.9		2.55		2.55

TOP10

구분		모집인원			경쟁률												정시 10월		2017 입시결과				
		15년	16년	17년	15년 교과	종합	논술	적성	16년 교과	종합	논술	적성	17년 교과	종합	논술	적성	16년	17년	교과	종합	논술	적성	평균
TOP10 중앙대 인문	미디어커뮤니케이션학부	33	43	41	15.0		62.7		7.1		58.6		6.3		56.6			2		2.55			2.55
	사회과학대학																88						
	사회복지학부	47	48	48	11.3		28.6		8.0		22.9		9.3		28.1					2.55			2.55
	사회학과	23	31	35	10.2		39.4		6.7		34.7		6.7		36.6			3		2.55			2.55
	산업보안학과(인문)		10	10							30.5				29.6		10			3.20	3.30		3.25
	심리학과	28	35	33	15.3		60.7		7.2		56.1		9.6		60.5					2.55			2.55
	아시아문화학부	41	53	48	13.4		31.9		6.6		24.3		6.9		30.6			1		2.95			2.95
	역사학과	34	34	32	7.9		29.0		4.3		24.0		5.2		35.3					2.95			2.95
	영어교육과	20	28	33	12.0		32.3		5.6		26.3		4.6		43.7		11	2	1.40	1.90	3.10		2.13
	영어영문학과	47	70	68	8.8		33.8		5.7		22.2		4.4		31.2					2.95			2.95
	유럽문화학부	51	67	58	15.3		31.7		6.0		22.6		5.4		30.2			7		2.95			2.95
	유아교육과	28	28	28	7.2		26.6		7.8		23.3		5.4		33.6				1.40	1.90	3.50		2.27

TOP10	중앙대	인문	응용통계학과	18	28	30	14.0		26.6		8.5		23.1		6.2		24.2			2		2.60			2.60
			인문대학																17						
			정치국제학과	18	23	33	8.3		40.9		5.5		31.5		7.0		37.0			1		2.55			2.55
			철학과	34	34	33	10.0		26.9		5.4		19.6		5.1		28.6					2.95			2.95
		자연	간호학과(자연)	132	122	102	4.7		10.4		10.2		13.9		8.2		17.8		70		1.70	2.30	3.70		2.50
			공과대학																89	15					
			건축공학(4년제)	19	29	33	9.0		19.2		7.4		14.8		11.0		17.5					2.55			2.55
			건축학(5년제)	22	39	34	9.0		26.5		5.5		17.3		11.2		21.8					2.55			2.55
			기계공학부	66	102	102	11.7		38.3		7.6		33.8		13.7		33.2					2.55			2.55
			물리학과	35	39	38	9.3		15.9		6.3		15.9		10.8		17.6					2.20			2.20
			사회기반시스템공학부	71	81	73	10.6		16.9		10.6		14.9		10.1		18.5					2.55			2.55
			산업보안학과(자연)	32	10	10	11.0		20.9				30.2				43.0		10			2.40	3.30		2.85
			생명과학과	20	36	31	24.0		61.5		14.8		54.4		10.5		62.7					2.20			2.20
			수학과	17	27	28	14.0		44.3		9.3		30.9		11.5		30.8			3		2.20			2.20
			소프트웨어전공																13						

구분		구분	모집인원			경쟁률 15년				경쟁률 16년				경쟁률 17년				정시 이월		2017 입시결과				
			15년	16년	17년	교과	종합	논술	적성	교과	종합	논술	적성	교과	종합	논술	적성	16년	17년	교과	종합	논술	적성	평균
중앙대 TOP10	자연	에너지시스템공학부	62	86	75	15.5		27.0		8.1		21.6		10.6		28.2					2.55			2.55
		융합공학부	52	70	65	15.9		37.0		7.1		28.0		10.9		40.1					2.40			2.40
		의학부	25	28	56			100.5				83.3				57.0		32			2.70	2.50		2.60
		자연과학대학																41						
		전자전기공학부	83	133	151	15.0		30.0		7.9		26.6		9.9		29.3					2.40			2.40
		창의ICT공과대학																84	4					
		컴퓨터공학부 (소프트웨어)	17	29	33	10.7		39.6		19.7		37.6				35.9					2.70	3.10		2.90
		컴퓨터공학부 (컴퓨터공학)	52	63	64	12.0		22.9		10.9		25.6				31.2		18	-1		2.70	3.10		2.90
		화학과	16	25	27	23.7		56.2		12.0		46.7		9.3		48.9			1		2.20			2.20
		화학신소재공학부	28	54	52	21.6		66.8		13.0		60.8		14.1		63.9					2.55			2.55
경희대	인문	Hospitality 경영학부	78	74	81		7.5	50.5			7.4	59.4			6.4	57.4		60		1.85		3.00		2.23
		간호학과(인문)	26	23	26		6.9	56.0			8.3	99.9			9.0	91.7		15	1	1.95		2.70		2.20

TOP10 경희대	인문	경영학과	130	119	134	8.5	64.9		8.6	77.9		7.4	70.7	114	15	1.65	2.80	2.03
		경제학과	58	53	59	8.0	55.0		8.9	64.2		6.7	58.1	41	6	1.55	2.70	1.93
		관광학부	50	51	49	7.9	50.7		5.2	56.9		11.5	57.8	22	1	2.65	2.90	2.73
		국어국문학과	37	36	39	11.6	94.6		10.8	76.5		9.9	79.2	20		1.65	2.80	2.03
		무역학과	50	49	51	7.7	57.1		6.2	66.0		5.8	58.4	28	3	1.65	2.60	1.97
		사학과	25	24	29	11.5	81.3		9.8	72.8		9.8	73.7	13	3	1.45	2.80	1.90
		사회학과	24	24	28	13.0	58.7		11.7	65.8		12.3	62.7	13	2	1.70	3.00	2.13
		아동가족학과	19	17	20	11.8	64.7		10.6	59.7		11.8	60.5	14	1	2.10	3.60	2.60
		언론정보학과	52	54	58	13.2	78.3		12.9	84.2		12.0	79.1	28	4	1.70	2.70	2.03
		영어학부	45	48	59	12.5	101.1		10.5	81.8		10.4	75.9	40	6	2.15	2.70	2.33
		의상학과	22	20	27	8.8	74.1		13.7	58.4		9.7	65.1	15	4	2.25	2.60	2.37
		자율전공학과	64	59	63	8.5	65.2		7.9	73.0		9.2	70.9	41	4	1.70	2.60	2.00
		정치외교학과	32	31	30	11.5	64.2		10.9	67.8		9.8	69.8	9	5	1.45	2.90	1.93
		주거환경학과	21	17	18	8.2	71.5		6.2	62.6		7.8	64.6	13	1	2.90	2.80	2.87
		지리학과(인문)	16	16	18	9.6	45.2		8.1	52.2		10.0	52.8	10	2	2.00	3.30	2.43

211

구분			모집인원			경쟁률 15년				16년				17년				정시 10월		2017 입시결과				
			15년	16년	17년	교과	종합	논술	작성	교과	종합	논술	작성	교과	종합	논술	작성	16년	17년	교과	종합	논술	작성	평균
TOP10 경희대	인문	철학과	25	22	28		10.9	86.3			9.3	70.4			8.3	72.3		14			1.70	3.20		2.20
		한의예과(인문)	18	18	18		17.0	94.3			17.8	141.1			19.3	140.8		12			2.50	2.00		2.25
		행정학과	41	42	47		9.2	64.7			8.7	67.3			10.3	61.4		29	5		1.80	2.50		2.03
		회계·세무학과	41	42	45		7.7	51.8			6.6	63.5			4.8	54.5		26	4		1.70	2.60		2.00
	자연	간호학과(자연)	26	25	26		10.1	52.0			11.7	74.6			9.2	101.0		16			1.45	3.00		1.97
		물리학과	33	31	34		8.6	20.2			7.3	31.5			8.5	40.8		21	4		2.00	3.50		2.50
		생물학과	39	36	40		15.8	62.4			16.8	75.1			16.3	94.5		22	2		1.70	2.90		2.10
		수학과	33	31	29		11.4	52.8			9.6	59.2			12.5	71.5		15			1.70	3.20		2.20
		식품영양학과	24	21	23		8.6	24.9			6.4	46.3			7.8	49.9		15	1		1.95	3.40		2.43
		약과학과	23	23	25		10.3	41.1			7.9	57.4			7.0	68.6		16			1.50	2.60		1.87
		의예과	47	47	54		23.8	120.4			33.1	128.2			25.8	154.3		31	1		1.30	2.40		1.85
		정보디스플레이학과	34	32	35		7.7	47.6			7.5	77.0			5.3	99.8		26	2		1.90	3.20		2.33

		학과																	
TOP10	경희대	자연	지리학과(자연)	17	16	19		7.2	17.3		3.0	28.4		5.0	36.3	8	2	2.40	3.60	2.80
			치의예과	28	28	39		12.3	70.5		12.4	77.9		13.2	110.3	28		2.40	3.10	2.75
			한약학과	25	21	24		5.0	15.8		5.1	26.3		10.6	33.6	17		2.30	3.80	2.80
			한의예과(자연)	47	48	48		14.1	28.6		9.9	35.5		17.5	53.2	32		2.10	2.70	2.40
			화학과	30	29	32		17.0	71.1		13.0	89.6		12.0	103.6	20	1	1.45	3.30	2.07
	한국외 국어대	인문	EICC학과	27	31	32		7.9	34.1	8.0	7.8	41.4	12.2	7.3	36.2	17	1	1.40	3.40	2.40
			Language & Diplomacy전공	23	23	23		13.3	43.9		15.0	51.6		14.0	50.3	12	1	1.30	3.80	2.55
			Language & Trade전공	11	13	13		10.3	35.4		7.3	52.2		7.3	64.6	8		2.00	2.70	2.35
			경영학부	74	87	86		11.2	41.6	15.1	11.2	59.8	14.9	11.3	41.6	50	6	1.60	3.50	2.27
			경제학부	42	50	50		8.5	36.0	11.6	9.9	49.8	14.4	7.3	34.8	31	3	1.50	3.70	2.37
			국제통상학과	34	35	34		8.6	40.5	14.3	9.7	56.5	23.0	9.1	39.4	15		2.40	3.60	2.70
			국제학부	10	15	15		11.0	44.4	9.3	10.9	40.8	11.3	10.7	32.8	11		1.60	3.80	2.47
			네덜란드어과	23	22	21	13.2	7.1	31.0	8.5	5.7	29.1	16.0	7.3	38.9	9		2.20	3.90	3.00
			노어과	22	23	24	10.8	7.4	33.4	11.4	5.3	32.4	11.6	6.7	35.4	18		1.70	4.40	2.70
			독일어과	39	43	42	12.6	7.1	36.0	11.1	6.9	37.0	13.1	6.3	43.8	34		1.50	3.50	2.47

구분			모집인원			경쟁률												정시 이월		2017 입시결과				
			15년	16년	17년	15년				16년				17년				16년	17년	교과	종합	논술	작성	평균
						교과	종합	논술	작성	교과	종합	논술	작성	교과	종합	논술	작성							
TOP10	한국외국어대	인문																						
		독일어교육과	18	9	9	11.2	7.0	30.1		14.7	10.3	28.0		14.7	6.3	24.7		7		1.80	4.20	3.90		3.30
		말레이인도네시아어과	20	20	20	11.0	9.6	36.0		11.3	9.0	30.8		14.3	7.4	30.3		11		1.70	2.30	3.20		2.40
		몽골어과	15	13	14	9.6	6.6	28.4		9.3	7.3	25.2		14.0	8.0	22.0		7		2.00	2.70	3.50		2.73
		미디어커뮤니케이션학부	34	38	39		26.4	64.0		16.0	20.5	67.3		27.2	22.1	45.6		21		2.60	1.70	3.60		2.63
		베트남어과	20	20	20	10.2	10.2	35.4		11.3	9.0	34.3		10.5	9.6	34.0		10		1.80	2.70	3.90		2.80
		스칸디나비아어과	23	22	21	11.8	8.3	32.2		13.8	9.2	29.3		16.5	11.5	38.9		8		1.70	3.10	3.50		2.77
		스페인어과	34	41	41		7.6	39.6		15.3	7.9	40.1		14.8	6.4	48.3		32	2	2.00	1.90	3.40		2.43
		이란어과	28	29	29	8.4	7.4	34.9		11.0	6.1	29.0		11.6	9.6	31.1		16		2.30	3.10	3.40		2.93
		영미문학문화학과	31	34	36		8.1	32.3		6.8	9.3	41.2		16.2	8.7	37.1		23	1	1.90	2.80	3.80		2.83
		영어교육과	25	24	23	21.8	17.1	40.7		12.8	19.8	48.7		14.2	14.1	39.0		11	1	1.30	2.80	3.00		2.37
		영어학과	31	34	36		8.8	37.1		9.4	7.8	41.6		14.8	6.3	38.4		25		1.50	2.20	3.00		2.23
		융합일본지역학부	20	20	20	9.8	9.4	32.2		9.8	11.2	38.3		11.4	14.9	28.4		11		2.20	3.70	3.80		3.23

구분		학과																		
TOP10 / 한국외 국어대 / 인문	인문	이란어과	20	20	20	14.8	8.8	29.2	9.8	7.3	23.2	15.5	6.9	26.3	10		1.70	2.70	3.50	2.63
		이탈리아어과	23	22	21	15.4	6.9	34.8	12.8	5.0	29.1	14.5	6.4	36.9	8		3.60	2.40	3.20	3.07
		인도어과	20	20	20	11.4	8.4	30.5	12.0	6.1	28.2	12.3	9.0	30.8	10		1.70	3.50	3.40	2.87
		일본언어문화학부	22	22	20	8.4	10.6	32.0	7.8	9.9	37.8	11.4	12.1	30.8	16	1	1.60	3.70	3.40	2.90
		정치외교학과	29	31	32		19.8	50.8	12.3	15.6	49.5	14.8	19.3	37.1	18		1.60	2.20	3.30	2.37
		중국어교육과		11	11				6.3	10.8	36.8	9.7	6.5	24.0	6		1.60	2.30	3.70	2.53
		중국어언어문화학부	24	25	24	13.8	10.8	45.1	9.0	10.7	46.3	14.8	9.3	36.3	22		1.70	2.70	2.80	2.40
		중국외교통상학부	24	24	26	19.0	9.2	51.2	9.0	8.9	50.9	14.6	8.8	43.1	20		2.30	2.90	3.50	2.90
		태국어과	20	20	20	12.6	7.6	31.5	13.3	5.6	28.1	17.8	7.0	27.6	11		1.60	2.70	3.50	2.60
		터키아제르바이잔어과	20	20	20	10.6	8.0	34.9	10.8	4.9	23.8	14.3	6.9	29.2	10		1.70	3.10	3.90	2.90
		포르투갈어과	23	22	21	12.4	7.1	32.1	9.8	5.1	30.3	12.8	7.4	37.1	8		1.40	2.20	3.80	2.47
		프랑스어교육과	13	13	13	11.4	7.4	29.6	12.8	8.8	32.8	12.5	6.0	28.6	5	1	2.60	2.90	4.50	3.33
		프랑스어학부	39	33	34	13.2	7.0	36.3	11.0	7.8	35.6	12.9	5.7	41.9	26		1.80	2.00	3.90	2.57
		한국어교육과	18	20	20	18.2	26.8	52.3	11.4	22.4	60.6	18.8	17.5	43.4	10		2.10	1.60	4.20	2.63
		행정학과	29	31	32		13.6	50.5	14.3	14.1	49.3	16.0	16.3	34.3	19		1.40	3.00	3.10	2.50

구분		모집인원			경쟁률												정시 9월		2017 입시결과				
		15년	16년	17년	15년 교과	종합	논술	작성	16년 교과	종합	논술	작성	17년 교과	종합	논술	작성	16년	17년	교과	종합	논술	작성	평균
TOP10 서울시립대 인문	경영학부	40	60	126		14.8	55.3			10.2	43.3		11.0	5.1	39.1		133	23		2.20	2.80		2.50
	경제학부	30	32	40		8.4	46.1			10.8	38.3		11.1	5.4	31.6		54	5		2.00	3.10		2.55
	국사학과	9	10	14		15.0	36.3			19.3	37.3		11.0	11.3	31.7		15	1		2.00	3.60		2.80
	국어국문학과	9	10	14		17.3	46.0			15.6	46.0		11.0	9.6	44.0		15	1		1.90	2.50		2.20
	국제관계학과	17	18	26		20.1	49.3			15.8	48.3		12.0	14.0	35.7		25	8		2.70	2.40		2.55
	국제도시개발학전공			3										6.7									
	도시사회학과	15	15	18		15.4	49.0			9.9	41.2		15.0	9.4	30.2		22	2		1.90	2.10		2.00
	도시역사경관학전공			2										5.5									
	도시행정학과	15	16	22		9.3	46.2			8.0	39.8		14.0	6.8	30.0		17			2.40	2.80		2.60
	동아시아문화학전공			1										7.0									
	사회복지학과	15	16	23		14.9	39.2			11.9	35.4		11.2	8.3	33.4		19	5		2.20	3.30		2.75
	세무학과	24	26	40		8.6	50.0			8.5	40.8		11.0	3.8	29.6		33	7		1.70	2.30		2.00

구분	계열	학과													
TOP10 / 서울시립대	인문	영어영문학과	8	6	11	17.8	43.3	15.5	14.0	11.7		29	1	3.00	3.00	
		자유전공학부	8	8	16		48.0	41.6	11.6		32.5	44	2	2.60		2.60
		중국어문화학과	9	10	14	13.3	39.7	8.1	11.7	9.3	27.3	17	4	2.80	2.90	2.70
		철학과	9	10	14	11.8	38.7	9.7	12.7	7.3	36.3	14	1	3.10	1.90	4.30
		행정학과	30	30	40	10.9	52.7	13.9	13.3	10.0	32.8	42	8	2.55	2.20	2.90
		통계학과(빅데이터분석학전공)			4			8.3	8.3							
	자연	건축학부(건축공학)	15	16	22	6.0	11.6	5.3	9.8	5.6	24.8	19	9	2.70	2.90	2.50
		건축학부(건축학(5년제))	15	16	22	14.8	18.6	13.1	10.4	13.8	29.6	20	7	2.85	2.50	3.20
		공간정보공학과	11	12	18	4.6	14.0	4.4	11.8	3.8	25.8	15	4	3.10	2.60	3.60
		교통공학과	9	10	14	5.0	12.0	3.6	8.7	5.1	22.0	13	1	3.50	3.00	4.00
		국제도시개발학전공			1				5.0	5.0						
		기계정보공학과	15	15	17	17.1	53.0	17.6	21.0	18.3	57.4	21	1	2.25	2.00	2.50
		도시공학과	11	12	14	6.9	26.3	7.1	10.7	6.7	32.0	16	6	2.35	1.80	2.90
		도시부동산기획경영학전공			2			3.0	3.0							
		물리학과	11	12	18	8.7	17.0	9.6	10.8	10.7	28.0	19	1	2.35	2.10	2.60

구분			모집인원			경쟁률												정시 10월		2017 입시결과				
			15년	16년	17년	15년 교과	15년 종합	15년 논술	15년 작성	16년 교과	16년 종합	16년 논술	16년 작성	17년 교과	17년 종합	17년 논술	17년 작성	16년	17년	교과	종합	논술	작성	평균
TOP10 서울시립대 자연	생명과학과		15	15	22		23.8	36.6			23.7	32.6		21.6	25.4	44.2		23	3		1.90	2.70		2.30
	수학과		15	16	22		10.1	42.0			8.5	40.4		11.4	8.6	61.0		19	8		1.90	3.20		2.55
	신소재공학과		10	10	15		19.8	43.4			21.2	45.2		22.2	24.2	54.0		25	3		2.00	2.60		2.30
	전자물리학전공				2										5.5									
	전자전기컴퓨터공학부		55	59	61		8.1	33.5			8.4	37.6		30.0	7.7	50.2		74	5		1.90	3.00		2.45
	조경학과		11	12	18		10.7	13.0			4.5	14.5		10.3	5.4	21.3		15	1		3.10	2.70		2.90
	컴퓨터과학부		23	24	34		8.3	22.1			9.8	27.0		19.8	11.9	41.4		39			2.10	2.80		2.45
	토목공학과		15	16	20		4.9	12.2			4.1	14.2		11.2	4.6	21.0		19	1		3.10	3.40		3.25
	통계학과		11	11	11		12.7	52.8			14.0	45.5		16.5	17.4	65.0		19	2		2.00	3.60		2.80
	화학공학과		18	20	28		24.6	57.3			20.2	56.3		26.5	16.9	64.0		25	10		1.70	3.40		2.55
	환경공학부		28	30	32		9.3	19.9			10.6	25.4		15.5	12.3	34.2		39	2		2.00	3.20		2.60
	환경원예학과		11	12	14		11.3	13.5			7.0	15.8		9.8	10.0	18.3		16			1.90	2.80		2.35

대학	계열	학과	모집	지원	지원	(1)	(2)	(3)	(4)	(5)	(6)	(7)	(8)	충원	예비	비율	비율	비율
서울시립대	자연	조경학과(경영학전공)		20	2					4.5								
		통계학과(통계학전공)		20	1					11.0								
	공통	자유전공	20	20	20	36.1		38.9				37.6		21				
이화여대	인문	간호학부(인문)								4.4								
		건축도시시스템공학전공(인문)		7	7													
		건축학전공(인문)			7					4.3								
		경영학부	73	87	66	6.3		5.8	6.5	6.1	3.0	39.4	41.8	46	5	1.30	2.00	1.65
		경제학과		10	49		32.5			4.0	2.9	32.6	29.9					
		교육공학과	15	22	21	8.7	20.6	6.0	13.7	8.1	2.8	27.2	21.2	11	1	1.30	1.70	1.50
		교육학과	13	19	18	11.3	24.3	8.3	16.0	12.5	6.7	28.6	26.0	11	2	1.30	3.20	2.25
		국어교육과	14	21	20	12.4	27.9	7.7	13.0	12.6	4.5	36.1	30.6	6	3	1.20	1.20	1.20
		국어국문학과		13	54					7.2	2.9	27.4	25.1					
		국제학부												24				
		국제사무학과	8	21	21	8.3		5.9	9.1	9.1	3.9	32.4	27.6					
		기독교학과	12	12	20	5.4	14.5		4.5	4.1		16.8	11.5	11				

TOP10

구분	모집인원 15년	16년	17년	경쟁률 15년 교과	종합	논술	작성	16년 교과	종합	논술	작성	17년 교과	종합	논술	작성	정시 이월 16년	17년	2017 입시결과 교과	종합	논술	작성	평균
기후에너지시스템공학전공(인문)			8													6						
뇌인지과학전공(인문)													5.0									
독어독문학과			14										5.4	22.9								
문헌정보학과		16	20							25.4			4.5	24.9								
불어불문학과			22										5.1	24.8								
사학과		20	25							24.9			6.6	22.9								
사회과교육과	11	13			8.6				11.0							44	3	1.30	2.20			1.75
사회과학부	195	115			7.5	28.4		8.6	9.7							107	7					
사회복지학과		16	20							24.6			7.2	25.8								
사회학과		12	24					7.5		27.0		7.5	12.3	29.4								
소비자학과		16	20							30.1			6.0	29.9								
스크랜튼학부(인문)																20				1.70		1.70

TOP10 · 이화여대 · 인문

모집단위																
신산업융합대학(인문)																
심리학과		10	30					35.0	4.7	9.8	32.5	53		1.60	2.40	2.00
영어교육과	19	27	25	9.2	22.9	12.8	4.0	31.2	5.2	7.6	28.0	14 / 5		1.30	2.00	1.65
영어영문학부	55	70	35	7.1	26.0	7.9	4.9	31.6	5.4	8.5	31.1	20 / 7				
유아교육과	12	18	20	10.0	26.6	9.8	7.0	29.4	5.5	9.0	26.2	12		1.60	1.80	1.70
의예과(인문)												6				
융합콘텐츠학과		15	14			10.9	4.1		6.1	12.0						
의류산업학과	22	36	36	9.9	34.6	9.3	5.2	33.3	4.7	7.2	31.3					
인문과학부	125	105		8.7	27.2	8.7	5.9	40.6				109 / 6				
정치외교학과		10	30					31.6	4.8	10.5	30.5					
중어중문학과			44						2.4	5.2	25.0					
철학과		20	24					24.5	5.6		22.8					
초등교육과	20	27	27	26.9	87.6	28.1	22.1	138.7	8.4	27.7	155.1	15 / 2		1.00	1.70	1.35
커뮤니케이션·미디어학부	50	59	48	8.5	31.6	9.2	6.5	37.8	4.3	9.2	41.5	31 / 1		1.20	1.70	1.45
컴퓨터공학전공(인문)		50	10						4.1					1.50	3.10	2.30

구분		학과	모집인원 15년	16년	17년	경쟁률 15년 교과	종합	논술	작성	16년 교과	종합	논술	작성	17년 교과	종합	논술	작성	정시 0월 16년	17년	2017 입시결과 교과	종합	논술	작성	평균
이화여대 TOP10	인문	특수교육과	15	22	24		10.2	16.1		5.3	10.6	20.4		5.4	7.6	18.1		13						
		행정학과		10	30							29.8		4.5	8.0	28.5								
		환경공학전공(인문)			7										5.0									
		휴먼기계바이오공학부(인문)			18										4.9	28.4								
		사회과교육과(사회교육전공)	20	25	18			22.5		4.9		30.0		3.8		24.6								
		사회과교육과(역사교육전공)			18										6.8	22.4								
		사회과교육과(지리교육전공)			18									2.1	4.6									
	자연	간호학부	29	53	39	4.5		25.4		3.8	4.9	30.6		5.6	7.3	39.8		21						
		건축도시시스템공학전공(자연)			18										3.8	25.8								
		건축학부		10						3.7									25					
		건축학전공(자연)	25	25	20	3.5		22.9			4.1	28.8			4.9	28.0								
		과학교육과	48	61	60	6.5		27.1		5.5	5.5	33.9		3.4	8.4	37.9		39	1	1.40		1.80		1.60

구분	대학	계열	학과																	
TOP10	이화여대	자연	기후에너지시스템공학전공(자연)	20	20	25	8.2			31.1		4.1	5.3	27.6						
			뇌인지과학전공		20	20		6.0			38.7		5.6	40.5	5	5		1.20	1.20	1.20
			물리학과	18	15	24				15.2	18.6	3.9	3.9	23.4						
			미래사회공학부													16	1.70	1.70	1.70
			사이버보안전공	27		27						3.9	4.7	33.8			4			
			소프트웨어학부																	
			수리물리과학부	27	44		5.0	4.1		3.8					36					
			수학과	13	11	32				22.9		3.0	5.2	25.0						
			수학교육과	17	23	19	5.7	7.0	4.6	35.9	37.2	3.9	5.3	38.4	8	8				
			스크랜튼학부(자연)												20	20				
			식품공학전공			26						4.5	5.2	30.3						
			식품영양학과	17	34	34	4.7	3.6	4.4	26.3	27.8	5.6	4.9	25.8						
			신산업융합대학(자연)												53	53		1.60	2.40	2.00
			융합보건학과	10	21	21	4.6	6.1	4.9	25.6	26.4	4.6	4.3	24.3						
			응합콘텐츠학과		8	7				26.1				25.1				1.50	1.50	1.50

구분		모집인원			경쟁률 15년				16년				17년				정시 9월		2017 입시결과				
		15년	16년	17년	교과	종합	논술	작성	교과	종합	논술	작성	교과	종합	논술	작성	16년	17년	교과	종합	논술	작성	평균
TOP10 이화여대 자연	의예과	25	25	25		14.3	125.1			12.6	114.5			11.2	151.1		21				1.50		1.50
	자연과학대학																	3					
	전자공학과		10						6.9								25						
	전자전기공학전공	29	27	51		4.1	24.8			4.7	32.1		2.8	3.8	33.4								
	차세대기술공학부																	5					
	컴퓨터공학전공(자연)	35	45	43		3.9	24.6		5.1	4.4	32.2		5.9	5.5	36.9		26		1.70		2.20		1.95
	통계학과	13	11	37			25.0				27.8		3.1	4.0	30.0								
	화학생명분자과학부	81	105	86		6.3	39.1		7.2	6.5	40.3		6.3	9.5	51.4		51	9	1.30		1.70		1.50
	화학신소재공학전공	35	42	48		5.1	34.6		6.5	5.4	41.6		5.9	7.3	40.2		20						
	환경공학전공(자연)	39	36	28		5.6	30.5			6.3	35.4		3.2	5.8	31.2								
	환경식품공학부		17						7.2								28						
	휴먼기계바이오공학부(자연)			60									4.6	8.2	35.1			8					

			학과													
TOP10	건국대	인문	경영학과	83	70	82	13.3	21.5	19.0	38.2	16.1	26.0	119	12	198.38	198.38
			경제학과		36	38			13.3	30.5	13.0	23.2	59	7	197.66	197.66
			공공인재전공	20	19	21	10.3	53.1	18.7	61.1	12.7	60.4	21	2	195.87	195.87
			교육공학과	10	10	9	8.6		33.4		29.3		17			
			국어국문학과	21	21	21	19.4	65.4	28.8	89.8	24.7	85.7	24	3	198.15	198.15
			국제무역학과		30	33			13.6	34.2	9.0	22.0	31	3	198.11	198.11
			글로벌비즈니스학부	21	21	25			14.8	55.2	9.1	51.0	10	1	198.44	198.44
			기술경영학과	17	20	18	9.2	21.8	10.8	31.1	7.9	24.4	17	1	198.41	198.41
			문화콘텐츠학과	13	14	10	37.1	92.8	52.3	112.0	32.9	94.0	15	1	198.27	198.27
			미디어커뮤니케이션학과	17	19	23	38.3	93.6	47.5	123.5	45.6	131.0	16	2	197.11	197.11
			부동산학과		20	21			8.1	66.3	7.8	19.6	24	1	198.15	198.15
			사학과	17	16	19	23.9	56.1	32.8	90.4	30.0	73.2	13	2	197.78	197.78
			영어교육과	5	6	12	12.2		22.8		14.7		11	3		
			영어영문학과	31	39	40	13.3	64.6	17.4	83.6	14.4	80.8	36	5	198.20	198.20
			응용통계학과		15	15			10.8	29.2	14.0	27.2	35	2	198.10	198.10

225

구분			모집인원			경쟁률												정시 0월		2017 입시결과				
						15년				16년				17년										
			15년	16년	17년	교과	종합	논술	작성	교과	종합	논술	작성	교과	종합	논술	작성	16년	17년	교과	종합	논술	작성	평균
TOP10 건국대		의상디자인전공																16						
	인문	일어교육과	12	16	16		5.3				12.2				10.2			8	1			198.25		198.25
		정치외교학과	14	14	15			63.3			31.3	76.9			25.2	81.5		19	2			197.68		197.68
		중어중문학과	19	24	25		13.1				21.0	83.2			13.7	88.6		17	3			197.91		197.91
		지리학과	21	18	21		10.0	56.1			14.7	64.4			10.8	51.0		9	4			198.14		198.14
		철학과	18	17	21		12.8	59.3			11.8	83.1			10.3	77.4		12	1			198.15		198.15
		행정학과		20	28						20.7	83.4			18.1	81.2		41	7			198.07		198.07
	자연	건축학과	41	42	46		8.9	17.3			13.3	31.3			11.3	33.8		52	8					
		과학인재전공	15	14	16		8.7	10.8			7.4	14.1			6.8	16.0		13						
		기계공학과	31	14	50		15.7	37.2			27.0	53.0			18.3	28.5		28	8			198.10		198.10
		기계설계학과																24						
		산림조경학과	15	15	23		7.8	16.3			7.6	19.6			7.1	18.6		5				194.84		194.84

														197 55	197 55	
자연	동물자원과학과	13	14	16	8.7	17.0	18.7	19.0	15.9	19.0	28			197 55	197 55	
	물리학과	25	26	30	7.7	17.2	11.2	17.9	8.9	18.1	38	5	198 08	198 08	
	미래에너지공학과	28	25	24	8.4	25.6	13.8	27.3	13.6	27.3		2			
	바이오산업공학과										15		198 28	198 28	
	보건환경과학과										6		195 76	195 76	
	사회환경플랜트공학과	20	19	28	6.5	20.1	5.5	21.3	5.9	21.3	16	1	191 62	191 62	
	산업공학과	21	19	25	9.0	33.8	10.0	39.7	8.4	29.3	24	4	198 34	198 34	
	생명과학특성학과	20	18	25	18.6	29.7	33.7	28.0	19.6	27.4	20		198 60	198 60	
	생명자원식품공학과										12		197 40	197 40	
	생물공학과	20	19	28	16.1	39.5	12.0	43.4	17.9	30.1	21	1	198 18	198 18	
	소프트웨어학과	25	21	39	7.9	30.0	19.3	34.8	15.7	41.1		2			
	수의예과	11	15	21	33.2	110.5	28.3	98.6	27.9	100.7	50	4	199 29	199 29	
	수학과	17	16	19	14.9	43.3	11.2	44.7	19.9	34.3	14		198 03	198 03	
	수학교육과		3	15			28.3		16.3	46.6	19				
	스마트ICT융합공학과			22					11.4	20.0		1			

TOP10 건국대

구분	모집인원 15년	16년	17년	경쟁률 15년 교과	종합	논술	작성	16년 교과	종합	논술	작성	17년 교과	종합	논술	작성	정시 0월 16년	17년	2017 입시결과 교과	종합	논술	작성	평균
스마트운행체공학과			22										7.8	24.7		1						
시스템생명공학과		16	30						12.1	26.9			16.2	28.9		13	4			198.23		198.23
식량자원과학과			16										10.1	14.3			1					
식품유통공학과			20										5.7	21.6			-1					
유기나노시스템공학과	21	19	27		8.1	35.1			16.9	36.7			8.0	30.0		21				197.99		197.99
융합생명공학과		16	23						12.1	23.5			17.7	31.6		14				197.55		197.55
융합신소재공학과	20	19	25		12.5	58.1			15.2	56.4			19.2	38.1		22	1			198.60		198.60
응용생물과학과	12	3			8.0				16.0							29				198.06		198.06
의생명공학과			30										14.3				6					
인터넷미디어공학부		19	23						5.8	20.0						33				198.33		198.33
인프라시스템공학과	20	19	23		7.1	19.1							5.2	18.1		19	2			197.25		197.25
전기공학과	26	24	48		8.4	23.7			8.1	30.8			6.1	21.7		34				197.99		197.99

TOP10 건국대 자연

구분	계열	학과																	
TOP10 건국대	자연	전자공학과	35	30	50		9.0	28.5		12.8	32.3		10.5	24.8	55	5		198.21	198.21
		줄기세포재생공학과		14	20					26.7	23.4		18.4	27.3	26			192.70	192.70
		축산식품생명공학과	14	15	25		8.4	15.6		8.9	20.1		7.5	17.2	24	5		198.05	198.05
		컴퓨터공학과	26	21	31		11.4	41.4		36.5	57.0		22.8	43.0	36	3		195.23	195.23
		항공우주정보시스템공학과	20	21	25		13.7	21.2		15.9	26.8		10.5	22.9	23	1		198.43	198.43
		화장품공학과			22								21.7	37.6		6			
		화학공학과	20	19	40		16.1	69.1		15.6	73.5		15.7	48.3	23	3		198.17	198.17
		화학과	17	16	19		15.6	39.4		16.3	37.0		26.5	30.6	16	3		198.99	198.99
		환경공학과	20	18	22		13.6	23.1		25.0	31.5		15.1	22.9	21	2		197.53	197.53
		환경보건과학과			24								6.6	19.0					
TOP15 동국대	인문	경영정보학과			50							4.0	6.3	25.6		2			
		경영학과	146	168	88	4.5	13.5	25.3	7.0	12.8	26.3	3.9	13.3	28.6	100	8			
		경제학과	39	36	41	5.4	10.5	48.2	6.8	13.3	42.7	3.4	7.9	31.6	49	2	1.40	2.40	1.90
		경찰행정학부	37	38	40	17.8	28.5	30.3	21.8	28.7	35.8	10.0	39.2	33.1	32	1			
		광고홍보학과	28	33	35	5.0	21.3	60.0	6.3	16.5	59.1	5.2	24.4	47.2	16		1.40	2.80	2.10

구분		모집인원			경쟁률 15년				경쟁률 16년				경쟁률 17년				정시 이월		2017 입시결과				
		15년	16년	17년	교과	종합	논술	작성	교과	종합	논술	작성	교과	종합	논술	작성	16년	17년	교과	종합	논술	작성	평균
TOP15 동국대	인문																						
	교육학과	12	12	16	6.9	29.0			7.5	36.5			3.1	44.3			22		1.20				1.20
	국어교육과	12	12	16	10.6	36.5			7.8	40.0			3.8	36.0			22		1.20				1.20
	국어국문·문예창작학부	24	26	27	9.7	44.1	66.9		6.6	26.1	63.9		5.0	27.6	51.7		11	2	1.40		2.20		1.80
	국제통상학부	36	39	40	5.1	13.0	54.1		7.4	15.0	49.5		3.6	13.5	38.7		33	1	1.30		2.40		1.85
	미디어커뮤니케이션학전공	26	31	32	7.0	24.4	57.3		7.5	24.6	63.9		6.3	31.5	48.2		20	4	1.40		2.10		1.75
	법학과	75	76	78	4.8	10.8	47.1		7.3	12.5	43.3		4.1	17.7	37.7		55	1	1.40		2.60		2.00
	북한학전공	6	8	8	4.3	20.0			7.3	12.5			7.8	17.5			7		1.80				1.80
	불교사회복지학과	5	5	5	8.2				7.2				8.4				7	2					
	불교학부	22	22	22	5.6				5.4				5.5				26						
	사학과	16	21	21	5.5	42.0	66.8		9.2	25.6	67.4		5.0	38.7	53.4		9	2	1.40		2.40		1.90
	사회학전공	10	11	11	7.6	29.2			6.3	25.2			4.3	28.4			12	1	1.40				1.40
	식품산업관리학과	8	13	11	6.4	10.0			7.6	8.1			3.8	10.8			13		1.70				1.70

대학	분류	학과																	
TOP5 동국대	인문	역사교육과	12	12	16	7.6	40.5		9.6	50.0		6.5	24.9		18		1.40		1.40
		영어영문학부	33	29	35	8.6	15.9	61.6	7.0	17.4	52.2	3.2	19.1	44.4	36	1	1.40	2.50	1.95
		일어일문학과	5	5	10	4.6			6.6			4.0	16.0		17		1.60		1.60
		정치외교학전공	24	28	28	4.8	17.0	49.1	6.0	14.3	42.2	4.2	16.3	38.5	14	1	1.40	2.70	2.05
		중어중문학과	9	7	12	5.0	10.8		6.6	8.0		4.2	17.6		23		1.50		1.50
		지리교육과	12	12	16	6.0	20.3		7.3	24.0		3.9	10.5		22	1	1.60		1.60
		철학과	11	14	13	5.3	23.7	59.8	5.8	15.6	53.8	5.7	22.8	40.0	4	1	1.50	2.80	2.15
		행정학전공	24	26	24	6.3	12.7	52.0	8.0	13.8	45.6	3.3	13.9	32.9	18	1	1.40	2.50	1.95
		회계학과			60							6.7	5.6	23.1					
	자연	가정교육과	12	10	12	4.4	11.5		5.3	6.8		4.8	12.8		20		1.90		1.90
		건설환경공학과	27	26	26	4.9	7.8	17.3	7.4	9.1	18.2	6.2	10.5	16.8	30		2.20	2.90	2.55
		건축공학부	28	25	25	4.0	9.4	17.7	7.3	10.2	18.3	5.7	18.1	21.1	40	5	2.10	3.50	2.80
		기계로봇에너지공학과	28	29	33	7.2	10.8	19.8	6.3	12.1	22.6	4.0	21.5	22.1	29	1	1.50	2.90	2.20
		멀티미디어공학과	21	22	24	4.0	9.0	18.9	9.0	7.3	19.8	6.2	8.1	19.9	19	1	1.90	3.00	2.45
		물리반도체과학부	24	22	27	4.2	7.6	16.5	6.3	7.0	15.9	5.0	9.8	15.9	43	1	1.90	2.90	2.40

구분		모집인원			경쟁률												정시 이월		2017 입시결과				
		15년	16년	17년	15년				16년				17년				16년	17년	교과	종합	논술	작성	평균
					교과	종합	논술	작성	교과	종합	논술	작성	교과	종합	논술	작성							
TOP15 동국대 자연	바이오환경과학과	24	28	28	5.3	14.2	19.7		6.7	10.0	19.6		6.7	13.5	15.9		20	5	1.70	2.90			2.30
	산업시스템공학과	29	31	33	4.5	7.9	18.6		6.5	6.7	20.8		4.5	9.8	19.4		46	4	1.80	3.00			2.40
	생명과학과	26	29	28	5.4	19.9	20.2		7.0	14.4	18.2		4.8	26.1	17.8		11	1	1.40	3.00			2.20
	수학과	21	23	23	4.3	14.8	19.3		6.8	9.4	16.2		5.0	15.4	19.1		10	1	1.50	3.30			2.40
	수학교육과	12	12	16	8.5	27.8			6.1	23.8			5.5	25.9			19	3	1.30				1.30
	식품생명공학과	27	27	26	4.8	14.1	19.9		7.0	13.0	19.8		6.7	18.5	17.3		28	5	1.80	3.10			2.45
	응용에너지신소재공학과	21	30	29	7.2	14.4	22.9		6.6	12.1	24.5		4.4	20.6	23.6		12	2	1.50	2.70			2.10
	의생명공학과	24	30	27	8.2	16.1	21.6		7.6	14.2	20.0		5.6	23.3	22.3		11		1.40	2.90			2.15
	전자전기공학부	88	89	99	4.4	9.4	21.4		10.5	8.4	24.2		5.5	9.8	22.6		88	7	1.60	2.90			2.25
	정보통신공학전공	34	32	37	4.0	9.8	19.1		12.0	6.8	19.3		7.7	9.8	21.5		56	1	2.00	2.90			2.45
	컴퓨터공학전공	40	41	45	4.6	8.9	19.9		11.2	10.4	21.9		6.7	14.8	24.1		52	2	1.70	3.10			2.40
	통계학과	23	25	25	4.0	10.0	22.9		8.6	12.0	19.7		3.2	11.9	19.1		15	2	1.40	2.60			2.00

구분	대학	계열	학과																
TOP15	동국대	자연	화공생물공학과	33	34	35	9.0	12.2	29.5	10.9	12.5	31.7	5.0	33.8	29.3	36	1	1.40	2.80	2.10
			화학과	24	25	26	8.3	14.3	21.5	7.8	15.2	19.7	4.6	20.6	20.5	11	12	1.50	2.80	2.15
TOP15 (캠퍼스)	동국대 (경)	자연	가정교육과			14							2.4			17	12			
			간호학과	28	30	37	10.5	15.0		10.8	2.4		13.7	21.9		35	1			
			기계시스템공학과	17	21	26	6.6	4.0		5.6	3.2		4.4	5.5		15	1			
			바이오제약공학과			23							3.6	3.6			1			
			수학교육과	23	25	28	4.2	4.7		8.2	2.0		4.0	5.6		17				
			신소재화학과	19	24	24	5.6	4.0		4.7	2.8		3.3	4.0		16	7			
			안전공학과	17	26	28	5.0	3.3		4.1	3.6		3.8	3.6		20	1			
			원자력·에너지시스템공학과	35	35	39	3.5	3.3		6.1	3.6		3.3	3.6		26	11			
			응용통계학과	19	21	23	3.8	3.3		3.1	2.6		2.8	3.8		16	10			
			의생명공학과	28	27	23	3.5	3.7		6.3	2.6		4.1	4.5		21	5			
			자유전공학부(자연)													23				
			전자·정보통신공학과	30	25	25	3.8	2.7		4.5	3.0		5.1	10.0		11	1			
			조경학과	28	28	31	3.4	3.7		4.5	2.6		3.5	3.8		23	2			

구분			모집인원			경쟁률 15년				경쟁률 16년				경쟁률 17년				정시 0월		2017 입시결과				
			15년	16년	17년	교과	종합	논술	적성	교과	종합	논술	적성	교과	종합	논술	적성	16년	17년	교과	종합	논술	적성	평균
TOP15 (캠퍼스)	동국대(경) 자연	컴퓨터공학과	50	47	39	4.9	5.3			5.4	2.8			6.1	6.0			29	4	2.00		2.70		2.35
	동국대(경)	한의예과(자연)	10	15	28	16.4				11.6				19.2				35	1					
TOP15 홍익대	공통	서울캠퍼스 자율전공	165	236		6.4				7.7														
	인문	경영학부	145	137	160	10.8		21.7		9.1		19.6		8.4		12.0		135	4	2.60		3.20		2.90
		경제학부	27	25	28	9.4		20.7		12.1		17.8		8.6		10.4		21	1					
		교육학과	22	22	18	6.6		22.0		8.9		19.1		29.9		13.3		28						
		국어교육과	22	22	16	9.4		29.0		11.7		24.3		13.8		18.3		18	1	1.70		2.20		1.95
		국어국문학과	14	12	14	9.3		27.0		10.0		27.3		20.0		12.4		13	1	2.40		2.50		2.45
		독어독문학과	14	14	16	12.6		22.6		15.1		20.6		14.1		12.4		13		2.30		3.30		2.80
		법학부	88	78	84	10.8		19.7		14.9		16.1		11.8		10.4		64	2	2.20		2.70		2.45
		불어불문학과	15	14	16	13.8		24.2		24.3		21.0		23.5		11.0		12		2.50		3.60		3.05

구분	대학	계열	모집단위	①	②	③	경쟁률	경쟁률	경쟁률	경쟁률	경쟁률	경쟁률	모집	지원	경쟁률	경쟁률	경쟁률
TOP15	홍익대	인문	서울캠퍼스 자율전공		151						8.1 / 7.2	20.0		241	2.00		2.00
			역사교육과	16	16	14	11.4	29.7	12.4	28.7	27.3	12.0	1	15	2.50	2.70	2.60
			영어교육과	22	22	18	9.2	20.3	8.7	19.1	23.2	11.9		19	2.50	2.10	2.30
			영어영문학과	19	19	19	11.1	21.4	12.8	21.1	10.0	11.9	2	14	2.00	2.90	2.45
		자연	건설·도시공학부	56	52	60	7.7	21.7	13.2	15.7	13.2	24.4	1	44			
			건축학전공(5년제)	30	25	32	7.5	33.3	10.8	39.2	12.1	13.6		26	2.30	3.00	2.65
			기계·시스템디자인공학과	83	80	88	9.9	25.3	10.8	19.6	6.2		2	65	2.00	2.90	2.45
			서울캠퍼스 자율전공		179						4.4 / 3.5	27.3	71	241			
			수학교육과	22	22	18	5.5	47.5	5.7	34.9	15.6	15.8	1	32		2.40	2.40
			신소재·화공시스템공학부	75	71	78	10.8	30.8	11.2	22.8	7.4	21.0	1	60	1.80	2.70	2.25
			실내건축학전공(4년제)	12	14	14	4.5	19.5	12.1	17.0	12.0	13.9		22			
			전자·전기공학부	105	102	120	9.6	25.0	12.0	19.6	7.5	14.6	1	102			
			정보·컴퓨터공학부	108	103	124	9.6	23.8	16.7	19.7	11.1		10	106	2.30	3.30	2.80
	숙명여대	인문	가족자원경영학과	15	19	19	7.3 / 12.8	20.2	7.2 / 6.3	24.2	10.3 / 6.4	35.2	1	6		4.20	4.20
			경영학부	87	94	79	4.4 / 7.7	27.6	7.5 / 5.4	33.8	7.8 / 7.3	44.5	4	71		3.30	3.30

구분		모집인원			경쟁률												정시 이월		2017 입시결과				
					15년				16년				17년										
		15년	16년	17년	교과	종합	논술	적성	교과	종합	논술	적성	교과	종합	논술	적성	16년	17년	교과	종합	논술	적성	평균
인문 TOP15	경제학부	42	37	30	4.8	5.9	22.5		7.5	5.2	26.6		7.3	6.3	35.3		46	1			3.20		3.20
	교육학부	30	34	28	5.4	14.8	25.5		6.8	15.6	30.9		7.6	18.4	43.1		24	3			3.80		3.80
	글로벌협력전공																4	8					
	독일언어·문화학과	14	17	14	9.0	10.4	27.0		7.8	7.0	25.3		7.0	10.0	33.2		7	2			3.40		3.40
	르꼬르뷔지에경영전공	17	19	17	5.7	7.7	28.0		8.0	7.1	34.3		8.5	10.2	37.6		20				3.50		3.50
	문헌정보학과	15	10	9	9.3	8.2	25.8		7.0	15.0	25.2		10.0	15.5	36.6		21				3.60		3.60
	문화관광학전공	17	19	17	6.0	17.7	28.6		6.5	17.9	31.9		10.0	21.8	41.6		18				3.50		3.50
	미디어학부	33	39	34	4.1	22.3	29.9		8.5	14.9	39.6		11.4	20.7	50.8		23				3.50		3.50
	법학부	75	82	66	4.5	7.2	27.1		8.1	5.3	29.7		8.3	9.0	39.5		48				3.10		3.10
	사회심리학과	10	11	10		22.8	40.0			20.4	48.5			31.8	67.4		14				3.50		3.50
	소비자경제학과	15	19	19	5.5	7.6	25.0		5.7	5.0	31.0		11.3	6.0	39.0		6				3.70		3.70
	아동복지학부	30	36	31	6.0	16.2	24.4		6.7	11.7	26.8		7.7	13.6	35.8		21				3.50		3.50

구분	계열	학과																	
TOP15 숙명여대	인문	앙트레프레너십전공												4			
		역사문화학과	17	19	17	4.3	15.5	26.6	7.5	10.6	24.9	7.3	15.2	33.9	15		3.20	3.20
		영어영문학전공	51	61	51	4.1	9.2	26.6	8.6	9.5	27.0	7.5	9.1	34.8	28		3.50	3.50
		의류학과(인문)													16			
		일본학과	17	19	17	10.7	8.3	22.0	6.5	10.6	25.4	8.0	11.7	32.6	22		3.80	3.80
		정치외교학과	18	21	19	8.8	11.8	23.4	6.3	9.6	29.5	7.0	9.7	42.2	12		3.90	3.90
		중어중문학부	50	59	50	5.8	6.9	30.0	7.8	8.5	27.5	8.0	8.1	36.6	30		3.50	3.50
		테슬(TESL)전공	13	17	12	4.0	7.8	19.3	5.8	6.8	23.5	9.1	5.0	23.3	5	1	3.30	3.30
		통계학과(인문)													6	1		
		프랑스어언어·문화학과	13	13	13	5.3	10.4	31.0	14.5	8.5	24.6	12.0	8.5	32.0	16	4	3.90	3.90
		한국어문학부	46	54	45	4.5	11.6	26.9	10.0	9.0	26.7	8.5	10.6	36.5	22		3.80	3.80
		행정학과	18	21	18	5.8	8.7	24.3	8.0	6.6	30.8	7.8	7.3	38.3	14		3.00	3.00
		홍보광고학과	23	27	25	5.4	15.4	30.2	7.5	11.1	36.6	11.8	13.1	48.0	14	3	3.50	3.50
	자연	IT공학전공	20	20	30				11.2	7.0	31.0	6.8	4.4	29.6	18	1	3.00	3.00
		기계시스템학부		35								6.7	3.6	24.9				

구분	모집인원			경쟁률													정시 10월		2017 입시결과				
				15년				16년				17년						교과	종합	논술	작성	평균
	15년	16년	17년	교과	종합	논술	작성	교과	종합	논술	작성	교과	종합	논술	작성	16년	17년					
기초공학부			56									7.3	4.7	29.1			1					
나노물리학과	7	9			6.4	11.5			4.7	16.5						16						
멀티미디어과학과	18			7.3	5.2	16.2																
생명시스템학부	20	32	27	7.0	17.4	23.1		10.4	7.5	29.3		17.5	17.1	42.3		26	1					
소프트웨어융합전공			20									7.3	3.8	27.6								
수학과	18	20	18	5.0	7.3	15.7		9.3	3.9	18.3		9.8	7.9	24.6		22				3.20		3.20
식품영양학과	25	30	25	6.4	8.5	13.7		12.4	5.6	19.3		18.4	8.1	29.8		15				4.10		4.10
응용물리전공			13										3.3				1					
의류학과	15	17	15	8.0	18.2	31.8		9.8	13.9	35.3		9.3	21.0	67.4		4				3.90		3.90
의약과학과	6				10.0	22.0																
전자공학전공		28										7.0	4.3	28.1			5					
컴퓨터과학전공	34	41	32	6.4	5.5	15.2		10.6	4.3	21.5		9.5	4.1	26.5		34	2			3.90		3.90

숙명여대 자연 TOP15

238
대입 상담소

대학	계열	학과																	
숙명여대	자연	통계학과	21	25	22	5.2	16.3	8.0	4.4	22.1	10.4	4.8	32.7	18	1			3.20	3.20
		화공생명공학부	33	36		7.0	12.5	11.3	10.6	39.3	14.1	8.6	49.6	27	2			3.10	3.10
		화학과	20	25	21	7.0	23.6	9.8	6.0	26.1	9.9	10.6	38.5	25				3.50	3.50
국민대 (TOP15)	인문	KMU International School(인문)												11					
		건축학부(인문)												7					
		경영정보학부	25	34	29	7.7	4.8	7.0	4.7		8.6	7.2		28	1	2.90	2.30		2.60
		경영학부	85	58	47	7.9	7.0	9.1	10.0		8.3	7.7		52			1.80		1.80
		경영학부(빅데이터경영통계전공(인문))	19	17	18	8.0	5.4	7.3	6.1		11.0	8.1		7		2.10	2.15		2.13
		경제학과	33	40	34	7.8	5.3	6.9	6.2		6.5	5.8		26	2	1.95	2.00		1.97
		교육학과	18	23	21	11.1	16.0	8.4	12.6		7.9	17.1		12		1.90	1.70		1.83
		국어국문학과	21	27	23	9.6	15.1	6.7	9.9		6.2	15.7		13					
		국제통상학과	31	38	31	8.4	5.2	7.6	8.0		7.9	10.6		22	1	2.40	1.90		2.23
		국제학부	15	13			6.0	5.5											
		국제학부(일본학전공)	5	8	15	11.0		4.9			5.7	5.0		13					
		국제학부(러시아어학전공)	6	8		11.5		4.3						13					

구분	모집인원 15년	16년	17년	경쟁률 15년 교과	종합	논술	작성	16년 교과	종합	논술	작성	17년 교과	종합	논술	작성	정시이월 16년	17년	2017 입시결과 교과	종합	논술	작성	평균
국제학부(중국학전공)	6	1		11.5					4.0							13						
글로벌한국어전공			5									10.0	10.0									
법학부	61	75	64	9.1	6.1			7.1	4.9			8.6	7.4			41	2	2.20	2.45			2.37
사회학과	19	24	24	9.2	12.1			6.6	8.2			6.9	11.7			17	1	2.00	2.05			2.03
언론정보학부	10			11.6																		
언론정보학부(광고홍보학전공)			15					7.8	11.3			7.5	12.0									
언론정보학부(미디어전공)		5	7					8.0	13.0			9.5	36.0			9						
언론정보학부(광고학전공)		1	1						11.0				14.0									
언론정보학부(언론학전공)	23	13	9		17.9			6.3	14.4			8.0	17.3			10						
영어영문학부	28	38	33	9.4	7.5				8.3			8.0	10.6			25	1	2.00	2.20			2.13
유라시아학과			16									7.3	5.2				2					
정치외교학과	26	33	28	10.1	8.7			6.0	6.6			7.7	10.8			20		1.90	2.90			2.57

계열	학과														
인문	중어중문학과	14		3	8.6		3.3				16				
	중어중문학과(중국어문전공)		17	24			7.3	5.1	6.7	9.0					
	중어중문학과(중국정경전공)	8	11	10		7.5	7.4			5.0					
	파이낸스보험경영학전공	28	32	26	6.2	5.0	6.4	4.0	7.2	5.2	22		2.40	3.30	2.85
	한국역사학과	31	39	34	8.4	12.5	7.0	7.5	7.7	10.8	21				
	행정정책학부	36	46	40	8.4	6.2	6.3	5.8	7.0	6.8	31	1	2.00	2.00	2.00
	회계학전공		31	24			6.2	3.8	7.6	5.8	23	1	2.20	2.60	2.40
자연	건설시스템공학부	37	45	48	9.1	4.9	7.8	3.7	6.9	5.3	28	1	2.80	3.40	3.20
	건축학부(자연)	17	36	42	16.7	13.5	7.5	10.6	6.6	10.6	20		2.20	2.00	2.07
	경영정보학부(정보시스템전공(자연))	20	18		10.3	5.6	7.3	3.1			11				
	경영학부(빅데이터경영통계전공(자연))	10	16	17	9.6		8.8	8.9	8.0	8.5	6				
	기계시스템공학부(기계금속재료전공)			40					4.6	3.9					
	기계시스템공학부(기계공학전공)	39	47	54	9.2	7.5	8.9	5.5	6.3	9.3	33	3	2.20	2.55	2.43
	기계시스템공학부(에너지기계공학전공)			26					5.8	5.4					
	기계시스템공학부(융합기계공학전공)	25	32	37	8.4	6.7	7.9	6.1	8.6	7.1	23		2.60	2.70	2.67

TOP15 국민대

구분			모집인원 15년	모집인원 16년	모집인원 17년	경쟁률 15년 교과	논술	종합	작성	경쟁률 16년 교과	논술	종합	작성	경쟁률 17년 교과	논술	종합	작성	정시이월 16년	17년	2017 입시결과 교과	논술	종합	작성	평균
TOP15	국민대	자연																						
		나노전자물리학과	22	27	29	10.1		6.5		8.5		4.0		7.3		6.9		23	1	2.80		3.00		2.93
		바이오발효융합학과	18	23	26	10.2		11.7		7.1		8.4		9.5		11.6		16		2.50		2.15		2.27
		산림환경시스템학과	22	27	26	7.9		7.5		9.8		4.6		5.4		8.4		15		2.50		2.80		2.70
		생명나노화학과	21	30		11.4		14.3		8.7		8.3						19						
		소프트웨어학부			86									6.0		8.5								
		수학과	26	32	24	8.6		7.4		6.6		6.0						20		2.00		2.60		2.40
		식품영양학과	16	20	24	9.7		9.0		10.6		7.7		4.9		9.3		13						
		신소재공학부	55	68		10.2		6.7		7.6		5.8						49						
		응용화학과			30									7.3		9.0			2					
		임산생명공학과	21	28	27	9.1		6.6		7.8		4.5		6.3		11.9		13		2.40		3.00		2.80
		자동차IT융합학과	18	23	32	8.6		6.3		6.7		5.8		4.6		5.1		15		2.20		2.25		2.23
		자동차공학과	34	43	56	9.1		7.9		6.9		5.7		4.4		6.6		29	1	1.80		2.00		1.93

TOP15	국민대	자연	전자공학부	98	94		10.1	5.4			10.0	4.7							73						
			정보보안암호수학과			31									4.5	4.9									
			컴퓨터공학부	41	50		10.0	6.8			9.9	6.3							34						
			전자공학부(에너지전자융합전공)			26									5.1	4.1				1					
			전자공학부(융합전자공학전공)			52									5.3	4.7									
			전자공학부(전자시스템공학전공)			52									5.6	4.1				2					
			전자공학부(전자화학재료전공)			41									6.7	8.6				1					
	숭실대	공통	융합특성화자유전공학부			82										6.7									
		인문	경영학부	78	78	73		10.5	32.2			12.5	30.6			12.0	31.3		72	5	1.60	2.70	3.60		2.63
			경제학과	39	40	38	6.3	8.6	42.5		9.1	7.3	32.7		6.1	7.6	37.6		46	5	1.90	2.60	3.30		2.60
			국어국문학과	18	18	17	4.8	20.3	55.3		11.7	21.5	31.3		6.3	25.4	33.0		16	2	1.60	2.60	3.90		2.70
			국제법무학과	21	21	20	7.1	8.1	46.4		9.3	7.1	23.6		7.0	7.7	32.7		18	3	2.10	3.30	3.40		2.93
			글로벌통상학과	32	32	30	6.7	8.5	45.2		17.7	12.9	34.2		6.3	12.2	39.6		52	2	1.80	2.90	3.60		2.77
			금융학부	30	30	28	6.3	6.3	38.1		7.5	5.5	28.0		4.8	6.9	28.8		26	2	1.70	3.10	3.40		2.73
			기독교학과	20	20	19		7.7				5.8				8.3			6			4.00			4.00

구분			모집인원			경쟁률												정시 0월		2017 입시결과				
			15년	16년	17년	15년				16년				17년				16년	17년	교과	종합	논술	작성	평균
						교과	종합	논술	작성	교과	종합	논술	작성	교과	종합	논술	작성							
TOP15 승실대	인문	독어독문학과	18	18	17	7.0	10.5	44.5		8.2	8.8	23.2		7.7	12.2	30.8		15	1	2.10	3.50	4.00		3.20
		법학과	36	36	34	5.3	10.8	51.9		10.7	11.4	31.5		6.3	13.4	36.2		32	3	1.80	2.90	4.30		3.00
		벤처중소기업학과	36	35	33	6.3	8.3	36.7		6.6	6.8	24.5		4.4	11.2	29.1		29	3	1.90	3.70	3.90		3.17
		불어불문학과	18	18	18	6.0	11.3	46.2		9.2	9.2	24.5		8.8	7.3	30.5		12	1	2.20	2.60	4.00		2.93
		사학과	18	18	18	5.3	22.8	45.8		13.0	25.5	26.2		5.5	25.0	33.5		12	2	1.70	2.90	3.50		2.70
		사회복지학부	27	27	25	5.6	27.3	48.2		14.2	24.7	29.7		6.3	31.3	33.0		22		1.70	2.80	3.80		2.77
		언론홍보학과	15	16	14	8.0	28.2	92.8		16.2	37.8	64.8		8.0	33.2	63.5		17	1	1.50	2.40	3.80		2.57
		영어영문학과	46	47	43	6.4	12.0	55.8		15.9	13.4	35.2		5.9	16.6	38.7		37	7	1.60	2.90	4.00		2.83
		일어일문학과	20	20	20	5.0	10.8	41.6		16.9	14.7	24.9		8.4	13.3	30.0		15	2	2.10	3.40	3.60		3.03
		정보사회학과	15	15	15	5.8	10.4	51.2		10.0	11.8	29.6		5.6	13.4	36.6		14		1.60	2.80	3.60		2.67
		정치외교학과	19	19	19	5.6	11.4	51.9		6.4	15.1	28.1		7.0	16.0	35.9		15	1	1.90	2.70	3.30		2.63
		중어중문학과	15	15	15	5.2	13.6	44.2		21.4	18.2	25.6		8.2	20.6	30.8		15	2	1.80	3.60	3.50		2.97

TOP15		모집단위																		
숭실대	인문	철학과	18	18	22	5.7	11.5	41.2	17.7	12.7	22.8	9.3	8.5	27.2	14	1	2.30	2.90	4.70	3.30
		평생교육학과	15	15	14	6.6	11.0	41.6	8.0	8.4	21.8	6.2	12.0	26.8	13	1	2.00	3.20	3.80	3.00
		행정학부	27	26	26	6.2	13.0	61.2	14.5	13.4	34.8	5.3	17.4	41.7	47	3	1.60	2.80	3.20	2.53
		회계학과	23	20	20	7.5	13.8	37.3	10.8	11.8	29.6	8.0	11.0	27.8	34	2	1.90	2.70	3.40	2.67
		건축학부(건축학·건축공학전공)	50	51	41	6.6	11.4	20.4	9.4	11.7	26.3	4.5	11.4	40.9	46	5	2.00	3.20	4.50	3.23
		건축학부(실내건축전공)			19							5.0	8.1	32.3		3				
	자연	글로벌미디어학부	55	55	51	6.5	8.5	20.9	6.1	7.5	23.5	4.6	10.8	38.0	34	2	2.00	3.40	4.00	3.13
		기계공학과	55	54	54	7.3	13.2	28.6	12.6	13.8	40.6	5.0	15.6	49.2	55	9	1.80	3.10	3.80	2.90
		물리학과	26	28	26	5.8	8.8	16.4	10.1	9.7	20.0	7.0	12.5	24.6	22	5	2.30	3.30	3.70	3.10
		산업·정보시스템공학과	54	53	51	6.7	7.7	21.6	8.8	6.7	28.8	6.8	6.8	41.9	47	8	2.30	3.00	4.10	3.13
		소프트웨어학부	45	44	42	7.0	9.7	21.9	6.1	10.9	28.6	6.0	15.3	46.5	37	7	1.80	2.90	3.80	2.83
		수학과	24	24	23	7.1	11.4	24.5	6.1	10.5	24.6	9.3	20.0	32.6	15	3	2.10	2.90	3.60	2.87
		스마트시스템소프트웨어학과	26	26	24	7.6	9.0	20.2	10.3	8.6	23.4	5.3	12.2	40.2	30	4	2.10	3.50	3.60	3.07
		유기신소재·파이버공학과	53	53	51	7.1	9.3	24.5	5.9	8.3	30.9	4.6	8.4	43.5	49	4	1.90	2.80	3.50	2.73
		융합특성화자유전공학부														1				

구분		학과	모집인원 15년	16년	17년	경쟁률 15년 교과	종합	논술	작성	16년 교과	종합	논술	작성	17년 교과	종합	논술	작성	정시 이월 16년	17년	2017 입시결과 교과	종합	논술	작성	평균
숭실대	자연	의생명시스템학부	30	30	27	7.4	17.7	35.2		10.7	20.3	39.8		8.6	29.9	56.4		29	3	1.80	2.70	3.80		2.77
		전기공학부	63	62	59	7.1	7.5	24.1		8.7	6.6	30.7		5.2	6.7	43.3		71	7	2.10	3.00	4.00		3.03
		전자정보공학부 (IT융합전공)	44	44	41	7.0	9.7	22.2		8.4	9.6	29.9		5.3	9.5	44.4		52	2	2.10	3.20	3.90		3.07
		전자정보공학부 (전자공학전공)	44	44	43	6.5	8.9	24.0		20.8	12.6	29.4		5.6	11.2	43.9		52	5	2.00	3.00	4.00		3.00
		정보통계·보험수리학과	24	24	23	6.3	9.3	23.4		6.8	9.3	23.4		9.6	11.4	33.1		21	2	2.10	2.90	2.90		2.63
		컴퓨터학부	45	45	43	6.7	13.7	28.7		6.9	14.3	36.9		7.4	15.4	47.8		37	3	2.10	3.10	4.00		3.07
		화학공학과	54	55	53	7.0	12.1	32.1		7.4	11.1	40.8		5.7	13.1	52.9		52	12	1.60	2.50	3.70		2.60
		화학과	26	27	25	6.7	15.0	22.7		5.6	12.9	27.3		7.7	21.5	38.8		22	6	1.80	2.70	3.80		2.77
인하대	인문	간호학과(인문)	15	18	18	10.4		60.5		8.2	18.6	115.2		4.3		88.4		9						
		건축학과(인문)	5	4	4	6.0		20.7		5.5		33.0		6.0		31.5		3	1	2.15		4.10		2.80
		경영학과	109	139	126	8.4	7.4	25.8		4.5	5.6	30.7		3.6	8.2	35.4		36		1.90	2.70	5.70		3.80
		경제학과	49	49	46	12.0	4.9	21.3		4.1	3.9	27.0		4.8	5.6	28.5		24		2.00	2.70	4.70		3.35

TOP15

구분	학과																
TOP15 인하대 인문	공간정보공학과(인문)	7	7	7	6.5	15.6	3.7	25.3		5.5		25.2	4				3.25
	교육학과	27	23	18	6.3	20.8	8.8	27.3	16.2	6.8	19.5	30.5	18	3	1.80	4.70	3.15
	국어교육과	27	27	20	8.5	27.9	5.6	34.3	15.1	8.6	24.3	38.9	13	4	1.50	4.80	3.15
	국제통상학과	51	57	59	7.1	24.9	5.5	29.0	8.0	3.7	10.2	32.7	23		1.70	6.20	3.95
	글로벌금융학과(인문)	23	25	15	6.8	14.8	8.7	28.8	5.4	4.5	6.3	31.2	12				
	문화경영학과	29	23	25	8.5	27.2	5.5	34.5	11.4	5.0	21.0	37.1	15	3	1.80	5.30	3.55
	문화콘텐츠학과	32	27	27	9.3	30.2	10.7	44.8	18.6	4.1	23.3	43.3	14		1.80	4.70	3.25
	사학과	27	23	24	11.0	21.3	7.8	28.5	12.9	5.0	18.2	28.3	15		2.20	4.30	3.25
	사회교육과	25	23	19	10.0	21.7	6.5	28.0	7.4	4.5	9.6	33.3	18	3	1.60	4.70	3.15
	사회복지학과			16						4.9	21.7	25.5					
	소비자학과(인문)	17	13	13	8.5	22.0	6.0	28.4	6.8	4.0	7.7	27.7	10	1			
	스포츠과학(일반)	4		6	12.5	25.8											
	식품영양학과(인문)	14	11	18	5.5					2.8				1			
	아동심리학과	9					16.0	29.3	16.0		16.5	39.0					
	아동학과	9	4	18	6.5	21.3	13.5						13			4.90	4.90

구분			모집인원			경쟁률												정시 이월		2017 입시결과				
			15년	16년	17년	15년 교과	종합	논술	작성	16년 교과	종합	논술	작성	17년 교과	종합	논술	작성	16년	17년	교과	종합	논술	작성	평균
TOP15	인하대 인문	아태물류학부(인문)	51	64	51	8.7	5.8	24.1		6.8	3.7	39.6		3.0	5.6	44.0		21	2	1.70		4.95		3.33
		언론정보학과	49	46	40	6.7	9.2	26.4		4.3	14.1	37.9		5.0	15.1	44.4		18		1.80		5.20		3.50
		영어교육과	27	27	14	7.5	7.1	21.5		5.0	14.4	24.2		5.3	19.2	33.8		13		1.60		6.10		3.85
		영어영문학과	36	40	40	14.8	5.7	20.6		4.9	11.7	25.7		6.3	11.6	29.7		28		2.20		4.80		3.50
		아트디자인학과(인문)	19		13	9.5	6.8	24.4						4.5	19.5	42.0		11						
		일본언어문화학과	26	31	28	22.7	5.4	21.0		8.8	7.4	23.5		6.5	11.5	28.8		27	2	2.30		5.10		3.70
		정치외교학과	36	39	39	5.8	5.8	23.0		4.8	9.5	27.6		7.6	7.4	30.9		22		2.30		5.40		3.85
		중국어문화학과	8				5.1											25		2.00		4.50		3.25
		중국학과	25	35	35	19.0	5.3	21.8		6.2	12.1	28.2		4.6	10.6	27.2			1					
		철학과	23	20	18	8.0	5.8	19.5		13.0	7.1	24.0		4.8	8.4	27.5		17	1	2.30		4.90		3.60
		체육교육과	5				42.0																	
		프랑스언어문화학과	21	23	22	30.0	5.0	22.9		11.2	7.0	27.2		3.5	8.9	26.0		15		2.10		4.80		3.45

구분		학과																	
TOP15 인하대	인문	한국어문학과	31	28	32	16.5	6.0	20.5	6.4	11.6	28.5	3.9	15.5	26.9	20		1.80	4.70	3.25
		행정학과	53	50	56	11.7	5.5	24.0	4.9	4.7	33.3	5.0	6.7	31.3	34		2.00	5.00	3.50
		간호학과(자연)	26	38	33	15.2	9.6	23.0	5.8	14.5	44.4	4.6	29.1	68.2	18	3	1.45	4.40	2.93
		건축공학과	29	25	27	19.8	5.7	15.3	9.3	6.4	30.3	7.0	9.1	47.2	22		2.20	5.10	3.65
		건축학과(자연)	28	25	14	8.8	5.8	19.8	8.3	9.9	35.0	6.0	14.9		14	2			
		고분자공학과	26	34	34	11.2	5.7	20.2	5.3	6.8	35.1	5.8	6.2	43.0	16	1	1.80	5.60	3.70
		공간정보공학과(자연)	23	17	18	14.0	4.4	13.7	6.5	3.5	30.4	6.5	4.4	36.8	14		2.25	4.70	3.48
		글로벌금융학과(자연)	7	8	7	8.0		13.2	12.5		20.0	4.5		27.8	3		2.00	5.35	3.68
	자연	기계공학과	71	114	129	13.0	13.6	32.9	4.5	9.8	59.7	5.1	12.3	62.3	42	4	1.40	5.00	3.20
		물리학과	22	27	25	7.0	5.4	15.6	4.0	7.0	24.3	3.7	10.0	29.6	19	4	1.90	5.20	3.55
		사회인프라공학과	43	36	40	8.8	4.7	13.2	5.8	4.1	32.1	4.8	5.0	34.3	39	3	2.20	5.10	3.65
		산업경영공학과	41	37	34	10.2	7.1	20.2	4.8	5.9	38.6	5.3	9.6	45.5	25	1	2.00	5.00	3.50
		생명공학과	29	33	34	12.4	11.4	25.3	4.1	16.8	46.9	4.5	21.8	65.1	18	4	1.30	5.10	3.20
		생명과학과	24	27	20	9.3	9.1	21.1	4.5	15.1	32.5	9.5	20.8	55.5	13	3	1.80	5.70	3.75
		소비자학과(자연)			4							3.0					2.00	4.80	3.40

구분		모집인원 15년	모집인원 16년	모집인원 17년	경쟁률 15년 교과	15년 종합	15년 논술	15년 작성	16년 교과	16년 종합	16년 논술	16년 작성	17년 교과	17년 종합	17년 논술	17년 작성	정시 10월 16년	정시 10월 17년	2017 입시결과 교과	종합	논술	작성	평균
자연	수학과	31	29	25	8.0	6.2	20.3		4.2	6.7	26.4		5.0	11.0	37.8		16	4	1.90		5.20		3.55
	수학교육과	27	27	19	11.3	8.1	26.8		5.6	11.2	39.6		4.4	15.9	67.7		15	3	1.40		5.90		3.65
	식품영양학과(자연)	13	26	22			11.4		9.0	9.5	24.3		7.7	17.7	37.0		20		2.10				2.10
	신소재공학과	56	78	81	13.7	8.8	25.6		5.5	7.0	44.9		4.6	8.5	53.7		38	3	1.40		4.70		3.05
	아태물류학부(자연)	7	8	13	7.5		18.6		8.0		29.3		3.8		33.8		2						
	에너지자원공학과	11	21	22	8.5	7.7	14.0		4.4	5.0	35.1		4.6	6.6	42.1		9	1	2.10		5.60		3.85
	유기응용재료공학과	28	24	23	12.0	5.8	18.9		8.4	7.7	33.7		3.6	7.9	40.5		18	1	1.60		5.20		3.40
	의류디자인학과(자연)	10		15	12.0		11.1						4.2		25.9		9	1	2.20		5.65		3.93
	의예과	20	20	25		18.2	94.1			31.6	133.0			36.1	244.7		15				4.80		4.80
	전기공학과	43	62	64	13.1	5.4	22.8		6.5	5.3	36.6		3.6	6.4	50.6		29	1	1.60		5.20		3.40
	전자공학과	52	77	62	14.6	8.3	29.1		4.9	7.3	45.4		4.1	9.4	61.8		27	3	1.40		5.10		3.25
	정보통신공학과	74	80	76	11.8	5.0	17.9		4.9	4.0	32.9		3.4	5.5	48.8		37		1.90		5.60		3.75

		학과																		
인하대	자연	조선해양공학과	35	45	46	9.3	5.5	16.7	3.9	3.6	29.6	3.5	4.7	30.6	25	1	2.00		5.90	3.95
		컴퓨터공학과(자연)	91	101	101	10.9	8.5	20.5	4.1	6.2	39.6	4.3	10.0	60.3	53	2	1.80		6.20	4.00
		통계학과	29	25	25	13.5	6.2	19.9	4.3	6.3	29.1	6.0	7.4	40.1	10	2	1.80		5.50	3.65
		항공우주공학과	29	31	48	10.4	12.2	24.6	9.3	12.3	64.4	5.6	11.7	64.9	15	1	1.70		4.20	2.95
		해양과학과	27	22	25	9.0	4.8	12.8	9.6	6.6	24.1	4.3	5.1	31.6	17		2.20		6.00	4.10
		화학공학과	43	63	50	14.0	11.2	32.6	4.2	11.0	52.5	8.9	18.3	74.8	21	3	1.40		5.80	3.60
		화학과	28	37	29	8.8	7.8	19.5	5.9	6.9	30.3	4.1	19.1	45.9	19	2	1.60		5.40	3.50
TOP15		환경공학과	37	35	35	11.3	9.7	14.9	5.6	8.9	33.9	3.4	12.7	39.7	17	4	1.70		5.80	3.75
한국교원대	인문	교육학과	7	9	9		7.4			9.4			8.6		15			19.27		19.27
		국어교육과	20	20	20		8.4			14.0			10.1		2	1		19.59		19.59
		독어교육과	7	7	7		4.9			5.4			5.9		2			15.29		15.29
		물리교육과	7	7	7		4.1			5.0			5.4		8	2		17.68		17.68
		역사교육과	9	12	12		12.1			15.3			21.5		7			19.30		19.30
		영어교육과	15	18	18		7.5			10.6			6.3			1		19.41		19.41
		유아교육과	14	13	13		6.4			10.4			13.5		5			18.83		18.83

구분			모집인원			경쟁률														정시 10월		2017 입시결과				
			15년	16년	17년	15년				16년				17년				16년	17년	교과	종합	논술	작성	평균
						교과	종합	논술	작성	교과	종합	논술	작성	교과	종합	논술	작성							
TOP15	한국 교원대	인문	윤리교육과	11	12	12		6.6				11.1				10.0			8			18.79			18.79
			일반사회교육과	9	11	11		7.2				11.9				11.3			9			19.15			19.15
			중국어교육과	7	7	7		5.3				8.1				7.4			4	1		18.38			18.38
			지리교육과	9	14	14		6.4				13.5				9.5			5			18.59			18.59
			초등교육과	65	65	65		12.8				29.7				24.4			45	30		19.63			19.63
		자연	가정교육과	13	14	14		4.8				6.6				7.2			7	5		18.13			18.13
			기술교육과	13	13	13		3.9				6.9				9.3			6	1		18.04			18.04
			물리교육과	11	13	13		5.2				5.5				8.0			8	3		18.91			18.91
			생물교육과	12	13	13		10.3				14.9				8.3			8			19.31			19.31
			수학교육과	15	15	15		8.5				10.3				15.0			11	5		19.51			19.51
			지구과학교육과	11	13	13		8.8				11.9				17.2			6	4		18.96			18.96
			컴퓨터교육과	14	14	14		3.6				3.6				4.3			11			17.39			17.39

TOP15	대학	계열	학과	모집	모집	모집											모집	모집		19,25 17,83		19,25 17,83
	한국교원대	자연	화학교육과	13	13	13	6.2			12.5			11.1			6	1					
			환경교육과	13	14	14	3.9			4.9			6.1			8	1					
	단국대-서울	인문	경영학부	135	127	141	10.1	9.0	35.2	7.9	9.7	53.4	5.9	9.7	26.0	85	4	2.20	2.70	3.80	2.90
			경제학과	50	39	39	8.7	6.0	31.3	15.0	15.7	49.3	6.5	5.9	21.8	31	2	2.20	2.70	4.10	3.00
			국어국문학과	29	31	31	9.4	18.2	47.3	7.8	10.6	60.8	6.8	17.7	25.5	24	1	2.20	2.90	3.70	2.93
			국제경영학과	15	11	10			33.1			51.1			24.0	10		2.20	2.90	3.50	3.50
			도시계획부동산학부	33	37	37	10.1	5.6	37.0	12.5	6.4	53.7	8.4	5.9	25.4	28		2.40	2.90	4.10	3.13
			무역학과	51	42	41	8.5	6.8	36.3	12.2	11.5	51.6	5.9	7.2	22.4	30		2.20	3.00	3.80	3.00
			법학과	79	69	68	9.5	7.7	36.4	8.1	8.1	51.1	5.1	10.0	23.3	51		2.20	2.90	4.00	3.03
			사학과	29	31	31	12.4	19.6	40.1	9.8	35.3	55.6	4.7	24.6	23.6	24	1	2.00	2.90	3.30	2.73
			상담학과	14	16	16	21.3	33.7	58.6	7.8	31.7	83.2	6.4	23.7	33.4	12		2.10	2.40	3.60	2.70
			영미인문학과	18	21	20	11.8	14.8	42.2	17.7	13.5	58.9	7.0	9.3	25.1	17	2	2.10	2.10	3.70	2.63
			응용통계학과	18	15	15	8.6	7.5	31.2	14.8	15.1	57.7	9.5	11.6		16		2.20	2.90	4.00	3.03
			정치외교학과	18	21	21	8.6	10.8	38.2	9.5	10.3	52.4	5.3	19.5	24.3	18	1	2.10	3.30	3.30	2.90
			철학과	14	16	12	19.7	8.8	37.2	7.6	10.0	51.4	5.5	9.3	26.5	13	2	2.20	2.70	2.50	2.47

구분			모집인원			경쟁률													정시 이월		2017 입시결과				
						15년				16년				17년											
대학	계열	학과	15년	16년	17년	교과	종합	논술	작성	교과	종합	논술	작성	교과	종합	논술	작성	16년	17년	교과	종합	논술	작성	평균
단국대 서울	인문	커뮤니케이션학부	42	41	39	9.6	25.8	63.4		10.5	22.5	81.8		8.8	30.1	37.4		28	1	2.10	2.60	3.50		2.73
		특수교육과	25	18	24	13.0		19.9		10.8	28.6	42.6		5.4	15.1	24.0		22	1	2.00	2.20	4.20		2.80
		한문교육과	18	14	18	11.7		22.0		14.4	11.3	39.4		6.7	8.5	20.2		16		2.70	3.30	4.30		3.43
		행정학과	24	27	26	11.3	10.7	41.6		8.4	8.4	57.6		5.1	12.2	27.4		19		1.90	2.90	3.70		2.83
	자연	건축공학과	27	31	32	6.4	13.6	20.5		6.6	9.3	32.0		18.8	20.7	34.0		17	1	3.60	3.60	4.40		3.87
		건축학과(5년제)	22	31	32	6.9	19.6	26.1		6.7	22.0	30.2		9.0	22.9	21.7		16	2	2.70	3.10	3.60		3.13
		고분자공학과	33	36	39	5.5	16.3	25.1		6.7	5.5	35.7		6.0	14.1	34.5		23	2	2.30	2.90	4.40		3.20
		과학교육과	18	14	18	9.7		16.7		9.2	17.3	34.2		3.8	12.5	32.6		17	1	1.80	2.20	3.90		2.63
		국제자유전공학부			10									5.3											
		기계공학과	44	49	43	9.4	26.1	31.2		6.4	9.2	44.1		11.6	16.9	47.8		29	2	2.60	2.80	4.00		3.13
		모바일시스템공학과	15	15	20		11.7					23.1				31.6		15				4.20		4.20
		소프트웨어학과	49	52	60	6.6	12.0	24.4		10.0	9.6	39.3		7.1	13.9	42.0		26	1	2.50	3.00	4.40		3.30

IN-서울	단국대	자연	수학교육과	18	14	19	14.7	17.3	6.0	17.3	59.0	9.2	10.8	52.2	17		1.80	1.90	2.70	2.13
			응용컴퓨터공학과	32	33	30	6.0	15.3	23.2	13.9	15.6	38.0	11.0	17.1	39.5	18	3	2.70	3.20	4.70	3.53
			전자전기공학부	107	111	118	7.3	10.9	26.1	7.4	11.2	39.9	6.8	9.0	36.1	61	1	2.50	2.90	4.00	3.13
			토목환경공학과	49	55	51	4.5	10.4	20.9	8.5	5.9	29.0	7.5	9.4	32.3	25	1	3.00	3.30	4.50	3.60
			파이버시스템공학과	22	25	26	7.2	11.8	20.6	6.7	7.5	34.0	10.5	8.8	36.1	14		2.80	3.10	4.50	3.47
			화학공학과	50	55	57	7.3	25.0	30.2	6.0	11.0	42.5	7.7	10.1	42.8	29	2	2.10	2.30	4.30	2.90